雪のくに移住日記

ブナの森辺に暮らす

星野 秀樹

prologue 雪のくにへ

おらほの村、羽広山

家のすぐ横手から雪の尾根に取り付くと、ほどなく雪に埋もれた集落が足元に広がった。雪原の中に、ギシギシと雪に押されるかのように点在する家々。まるで肩を寄せ合って、春の雪解けを待っているみたい。そこを除雪された車道が迷路のように巡る。

長野県飯山市、羽広山〔はびろやま〕集落。毎冬の積雪は4メートル前後にも及ぶ、「超」豪雪で知られるこの村に、僕は2015年から暮らしている。井出川と出川という二つの川にえぐられた深い谷から競り上がる、標高500メートルほどの台地の上がその舞台。村の背後は信越トレイルが通る関田山脈に遮られ、その向こうは新潟県上越市を経て、ほどなく日本海へと続く。山と谷に囲まれた舌端状の小さな高原は、まるで天空へと迫り出していくかのように広がる。天気予報の区分では「長野県北部」よりも、むしろ「新潟県」に属する地域である。

広い阻《はば》（懸崖）に沿うこの地形を阻広《はばひろ》と呼んだのが、現在の羽広の名の始まり、との説があるが、詳細は不明。あるいは単純に、この台地の姿を、鳥が広げた羽にみたてたものかもしれない。現在、小学生から高齢者まで60人ほどが暮らすこの小さな村の始まりはよく知られていないけれど、確認できる墓石の刻名から、その歴史は500年ほど前にも遡るらしい。夏はアスパラガスやズッキーニなどの人気作物を中心に、米や大根、ニンジンなどを育てる農業が暮らしを支える。冬はスキー場や除雪など、雪に関わる仕事に就く人も多い。

僕がこの村と出会ったのは、ブナと雪、そして人の縁による。ブナに呼ばれ、雪に惹かれ、人に出会って、気づけば築１００年ほどの古民家を買って、家族5人で移り住んでいた。長男が中学2年、次男が小学5年、長女が小学2年になる春のことだった。温暖な神奈川県の湘南暮らしから、ヤブと雪に覆われた得体の知れない山村への引っ越しは、好き好んで移り住む大人にとってはともかく、子供たちにとっては不安と不満のスタートだったに違いない。しかし、すっかり飯山っ子に育った子供たちに引っ張られるようにして日々過ごしていたのは僕ら大人の方であり、そんな牽引力があればこそ、今のこの暮らしがあるのだと、日々気づかされるのである。

さてまあ、そんなこんなの山村暮らし。時には草刈り、雪堀りにずく出して、この里から森と山を行き来する日々のあれこれを、綴ってみたいと思うのです。

*ここで言う「村」は行政単位としての村ではなく、集落・集合体としての「村」を指します。
*ずくは長野県の方言で、「やる気」「根気」などの意。

森に惹かれ、里に出会う

そもそもなんで移住してきたの？って聞かれることがある。
それも市街地じゃなくて、不便な山辺の方に。
なぜならそこは雪が深くて、森が近くて。
脈々と続く、人の暮らしがあった、から。

僕が初めてこの飯山に来たのは２００３年1月のこと。今住む集落のさらに3キロほど先に「なべくら高原森の家」という体験型宿泊施設があって、そこで行われたスノーシューイベントの取材が目的だった。千曲川沿いの国道から、怪しげな除雪道をたどってたどりついたイベント会場は、雪原野の真っ只中にある、雪が雪に埋もれるような集落だった。

それまで散々雪山登山をしてきた自分だったけれど、「豪雪地帯の暮らし」というものを初めて意識したのがこの時だったかもしれない。高い雪壁の向こうに昔話に出てくるような家並みを垣間見て、気軽な「雪遊び」とは違う真剣な「雪国の暮らし」に圧倒された記憶がある。

以来縁あって、この年はさらに仕事で2回、家族連れ（当時はまだ3人家族だった）で1回、この森の家にやってきた。そこで出会ったのが「ブナ」と「雪」、それに「暮らし」だった。

その頃僕は、気軽に通える「自分の森」を探していた。
撮影助手をしていた頃、師匠がなんだかんだと自然観察や撮影に通う「森」があって、そんなフィールドを自分も持ちたいと思っていたのだ。丹沢や富士山麓周辺の森に通ってはみたものの、なにかがしっくりこず、なかなか自分のテーマとして煮詰めていけるような「森」には出会えなかった。そこで欠けていたものこそが「雪」であり、雪とともにある森、すなわち「ブナ林」が、自分が欲している存在だと気づかされたのは、この鍋倉山山麓へと足を運ぶようになってからだった。

2005年の厳冬期に、自分の撮影目的にこの豪雪地帯の森へ初めて入った。雪の多さと美しいブナ林に圧倒され、以降、ライフワークとして通うようになった。初めの頃は、とにかく季節ごとの事象や、季節の移ろいに出会うことを求めていたけれど、やがて、森に隣接する「暮らし」の存在にも惹かれるようになった。

ここ鍋倉山に広がる森は人の手を知らない原生林などではなく、暮らしの背後にある里山だ。だから里で森を感じて、森で里を感じなければ、この森のことは何も見えてこない、と思ったのだ。
「暮らさなければなにも撮れない」と。

もともと家族の中には、「いつかは田舎暮らし」という漠然とした想いもあり、そんなあれこれが合わさって、移住するということが、少しずつ具体的になり始めた。

２０１０年の秋、森の家がある柄山集落に築２００年の古民家を借りて、僕は「山村暮らしごっこ」を始めた。神奈川の自宅から通う冬の日々は、撮影どころではなく、借家を雪から掘り出すだけで過ぎていく。そんな豪雪地帯に暮らすことの実体験は、それまでの雪山登山の経験とは違う、暮らすことへの覚悟を教えてくれた。ここで家族を伴って、果たして生きていけるのか。

一方、家のすぐ裏に続くブナ林は、暮らしの先にある自然の有り様を気づかせてくれる。そして、さらなる木々の深みと、山稜のうねり、山々の連なりが、延々と僕を招いていた。

それから5年後、僕たち家族は、ここ羽広山集落へ移り住んだ。

柄山への行き帰りの途上、たまたま売りに出ている物件を見つけたのも何かの縁だったのだろう。「山村暮らしごっこ」で得た自信と覚悟、それが移住への後押しになったのは言うまでもない。

ここへ移り住んで、かれこれ8年の月日がたった。

雪とブナと里、それに「縁」。僕たち家族は、今ここに暮らしている。

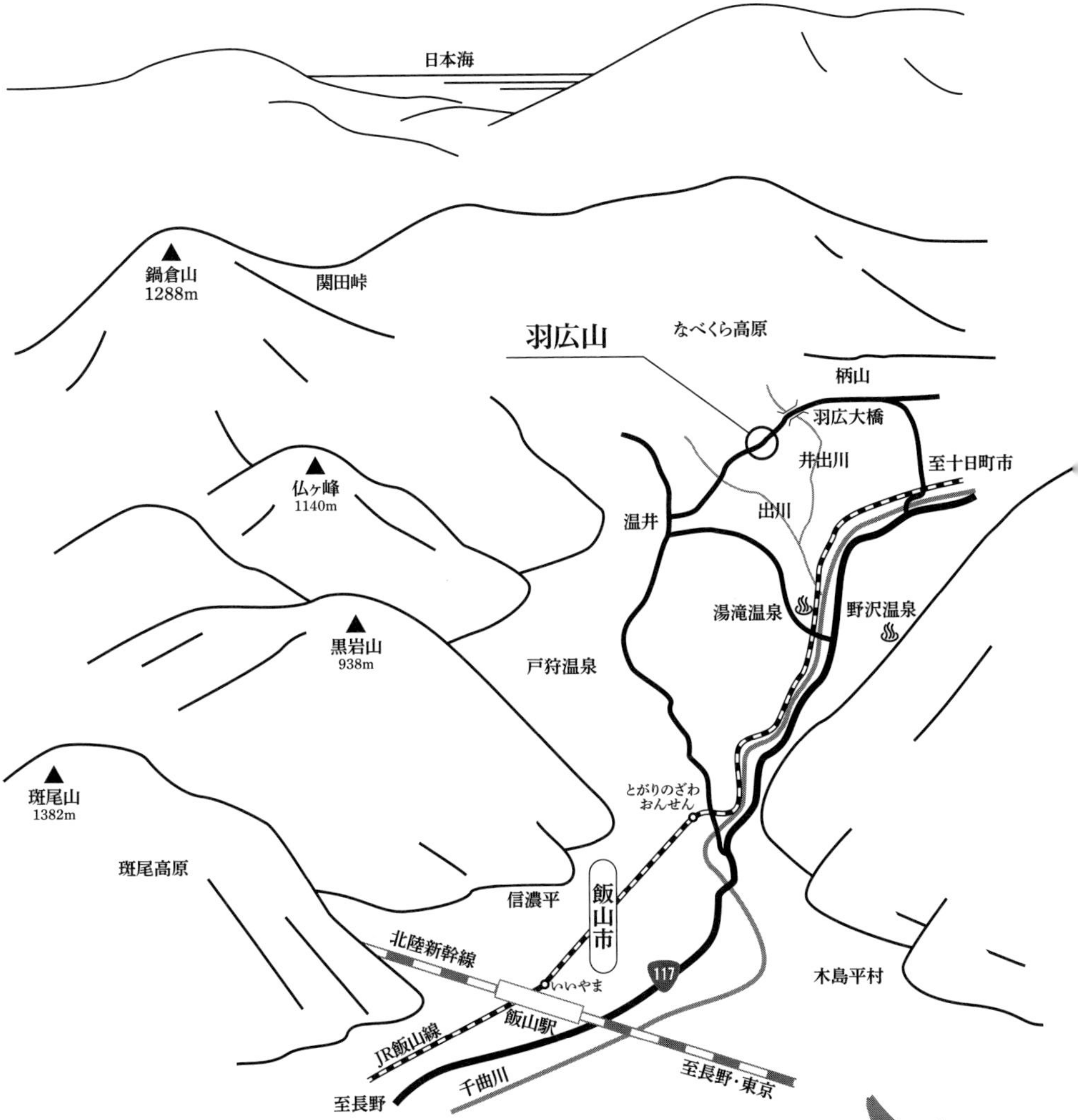
日本海
鍋倉山
1288m
関田峠
羽広山
なべくら高原
柄山
羽広大橋
井出川
至十日町市
仏ヶ峰
1140m
温井
出川
湯滝温泉
野沢温泉
黒岩山
938m
戸狩温泉
斑尾山
1382m
とがりのざわ
おんせん
斑尾高原
信濃平
飯山市
北陸新幹線
いいやま
117
木島平村
飯山駅
JR飯山線
千曲川
至長野・東京
至長野

飯山市

contents

この本はヤマケイオンラインで2020年2月～23年3月に
連載した「ずくなし暮らし　北信州の山辺から」に加筆、
再編集してまとめました。

春

雪国の春

ほんとに不思議なこと、と思う。
あんなにあった雪が、どんどん消えていく。その日々の変化たるや、すごい。ちょっと前までは、毎日毎日どんどん増えていた雪。だから早起きして、眠いのも寒いのも我慢して除雪して。面倒くさくて、厄介で、まあとにかく邪魔者だった、あの雪が。最近では、こっちが何もせずとも勝手にどんどん消えていく。寂しいほどに無愛想に。いったい雪ってヤツは、どこから来て、どこに行ってしまうのだろう。ほんとに不思議なこと。ああ、でも、つまり、春が来たんだな、って思う。

この村にも春が来た。辺り一面を覆っていた雪が日に日に姿を消して、それと入れ替わるようにどんどん地面が顔を出していく。そんな様を眺めると、つくづく春の到来を感じてしまう。久しぶりに握った土は、すぐに解けて消えてしまう雪とは違って、ザラついて湿った感触と、しっかりとした重みをいつまでも消えることなく感じさせるのだった。

水や土、名残の雪、わずかに顔を出し始めた草とか木とか、何かそんな色んな物が混ざった匂い。

桜の梢で鳴くホオジロの声。かすかな、寝言のようなカエルの声。水路の、多量の雪解け水が騒ぐ音。屋根のトタンを叩く雨の音。
お隣から頂いた野沢菜のとうたち菜や、畑の脇で摘んだフキノトウの、ほのかな辛みや苦み。
残雪を渡る風と、土を這う風が混ざって、冷たくて、湿ったぬるい風が吹いている。

この時期面白いのは、この土地でも標高による季節の違いを感じられるところだ。菜の花が咲く千曲川べりから僕の村まで標高差200メートルくらいだが、車道を登っていくと、まず出会うのがカタクリの群落だ。フクジュソウやキクザキイチゲも咲いている。冬の、モノトーンの土地で過ごした目には、自然の中の彩りが新鮮に写る。さらにもう少し上がると、雪解けが進んだヤブ野原にコゴミの集団が広がっている。ツクシや、花が開き切ってしまったフキノトウも混ざって、ヤブ野原を占領している。でもこの先からはだんだん雪が増えてきて、村に着く頃には随分と季節を後戻りさせられた気がしてしまう。それでもそこかしこにはフキノトウが顔を出し、確実な季節の変化を伝えている。そう、フキノトウは、ここで見られる最初の新緑なのだ。村の背後に連なる関田の山並みはまだたっぷりと残雪に覆われて、本格的な春の到来にはまだ間がありそうだ。

そんなふうに雪国にやってくる春の気配を見つめてみると、なんといろんなものが複雑に絡み合っているのだろうと思う。雪も土も、匂いも音も風も、とにかく様々な物が混ぜ合わさって、日々入れ替わり変化している。時には季節外れの雪なぞ降って、一気に季節が後戻りなんてこともある。そんな複雑な季節のせめ

ぎ合いを、きっと「春」と呼ぶのだろう。以前神奈川県で暮らしていた頃には感じなかった「春」の姿。それを、この雪国という土地に来て、僕は感じられるようになった気がする。なにしろここでは、残雪と新緑、そして桜までが同居する「春」に出会えるのだから。

野良スキー、消えゆく雪を惜しみつつ

春になって雪解けが進むのは、なんだか嬉しいような寂しいような。毎年そんな気持ちになるから不思議だ。

何をそんなことを。今年も雪で、あんなにひどい目にあったじゃないか、と言われそう。でも実を言うと正直なところ、嬉しさよりも、寂しさの方が圧倒的に強い。それは一体なぜだろう。

「ちょっと裏に行ってくる」と言ってスキーを履いて出かけていくのが、我が家の、雪シーズンの日常だ。

もちろん移住前からスキーはしていたけれど、雪があまりにも身近になったから、本格的にスキーに目覚めてしまった。

初めはウロコの付いたクロカン板で。さらにエッジの付いたＢＣクロカン、最近はシーズンに応じた太さの板でテレマークスキーを楽しむようになった。そんな中でもＢＣクロカンとの出会いが大きい。僕が住む関田山脈の南面山麓は、ゆるやかな起伏の丘陵地から尾根や谷が主稜線へとたおやかに伸びる地勢。だからエッジとウロコがあって、板もビンディングも靴も軽いBCクロカンは、そんな環境で抜群の機動力を発揮する「旅の道具」だった。

滑りを求めてタテ方向への移動はもちろん楽しいけれど、起伏を求めてヨコへの移動も面白い。尾根や谷を登ったり下ったりしながら横切って、気に入った尾根の頭から滑る。ウサギとぶつかりそうになったり、カモシカと競争して追い抜いたり。この道具の持つ機動力は、裏山の住人たちにも予測不可能なようだ。そんな「裏」でするスキーを僕は「野良スキー」と呼んでいる。

裏の野良は、ブナ林を境に山脈へ至る尾根に吸収される。敢えて言えば、ここがバックカントリーの入り口。自分の家を起点に、その日の都合に合わせてツアーコースを選ぶ。美しいブナの疎林が続く尾根は、やがて大きな雪庇が張り出した関田山脈の主稜線へ至る。いわゆる信越トレイルの通る稜線だ。稜線手前の広大な湿地帯は雪野原となって広がり、さらにいくつもの沢の源流部が入り組んで、不思議な地形を成している。ここまで家から3時間たらず。弁当食ったら帰ろうか、それとも稜線たどって新潟側の風景を楽しもうか。さらに関田峠まで足を延ばして、帰りの急斜面を、ちょっと気合を入れて下ってみようか。

いわゆるパウダーシーズンは、夜明け前から家の除雪があったりして疲れ切り、山もスキーもお預けという日も多い。正直、雪なんて見るのももう嫌、という気になることもある。しかしなんだろう、やはり雪がもたらしてくれる幸せは。自分を野に、山に、駆り立てる。あの雪尾根をたどりたい、あの雪斜面を滑りたいという誘惑が、雪のある日常の中で、常に熾火のように燻っている。

そんなわけで、3月が終わって4月に入り、雪が消えていくこの時期になると、いつも切なくなる。日に日にヤブが濃くなっていくウチの「プライベートゲレンデ」を眺めながら、「ああ、今年ももう終わりか」とため息をつく。

このどうしようもないヤブ山は、雪に覆われた時にのみ自由に行き来することが許される。そんな、雪という不思議な存在に感謝しつつ、執拗にヤブ漕ぎ野良スキーを楽しむのだ。

雪が消えてしまうその日まで。

雪国に春を告げるマンサクの花

強烈な日差しと雪の照り返し。残雪の森は光に満ちている。裏の森へと続くザラメ雪の尾根は日に日にヤブに行く手を遮られ、もういく日かすれば、冬の間中通い続けたこの「雪の道」も消えてしまうことだろう。

根元がまだ厚く硬い雪に覆われたブナの木々が、青空に大きく広げた枝先から少しずつ芽吹きの気配を見せ始めている。もうまもなく始まる賑やかな生命の季節へ向けて、一気にエネルギーを爆発させようとする寸前のように見えた。

そんな残雪の森の入り口で、小さな春の色を見つけた。淡い黄色の、モシャモシャとしたか細い花びらを開いて小さな花が咲いている。マンサク（マルバマンサク）だ。はかない線香花火のような小ぶりな花はなんとも地味な存在だけれど、まだ彩り乏しい残雪の森で出会う、貴重な「色」である。深く重たい雪に押しつぶされながらも折れることなく柔軟に枝先を伸ばして、雪原を渡る春の風に揺れている。

その名の由来が、「まず咲く」から転じたとか、「万年豊作」に由来するとか言われているだけに、雪国の春にふさわしい花だと思わずにはいられない。

見上げる高木に、肉厚な白い花をたくさん咲かせているのはタムシバだ。

雪国の森に、マンサクとともにいち早く春を告げる木である。甘い匂いに誘われてやってくるのだろう、忙しなくヒヨドリが花を渡り歩いている。青空に映える数多くの白い花を実らせて、まるで木そのものが咲いているかのような、巨大なひとつの花のような、そんな存在に見える。雪の白さとはどこか違う「白さ」は、生命が宿るものの「色」のように感じられる。

そんな光や色、生命の気配に溢れ始めた季節になっても、まだしつこく雪が降ることがある。

ある年の4月半ば、前日の夜半に降った新雪を踏みながら、早朝の森へ出かけた。

日差しとともに、木々を薄く覆った雪は早々と光の滴となって消えてゆく。それでも足元の雪は表面が新しく更新され、その白さが新鮮で美しかった。

向かう先に、爪痕のある大きな足跡と出会った。冬眠から覚めたクマが歩き回っているのだろう。ついさっき踏まれたかのような足跡は、延々と森の奥へと続いている。もしかしたらどこか木の影からでもこちらを伺っているのかもしれない。腹を空かせているのかな、寝ぼけているのかな。昨夜の雪は寒かったかな。森の隣人の想いを、そんなふうに想像してみるのだった。

マンサクは、雪国の森に春を告げるだけではない。実は、秋にもう一度その存在を主張する。黄赤に紅葉して落葉した葉っぱは、なんとも言いようのない濃厚な、不思議な香りを発している。僕はそれを「紅葉の匂い」と呼んでいるが、その匂いの正体がマンサクだと気づいたのは、ごく最近のことだ。

春、淡いマンサクの「色」が点在する雪国の森は、秋、濃厚なマンサクの「香り」漂う森となる。

新緑の森

赤、黄、橙色。

春なのに、この季節らしからぬ不思議な色合いの森が広がっている。

あれ、なんだろう。どう見たって、紅葉だ。

もしも木々の根元を覆う分厚い残雪がなければ、美しい秋の森だと見間違うだろう。残雪と紅葉の森。春のブナの森は、そんな淡い彩りに溢れている。ブナの新緑は、黄葉で始まるのだ。


この里から雪が消えて、千曲川べりから上がってきた緑の波に日々の暮らしが包み込まれた頃。まだたっぷりと雪を残す山の森にも、やっと芽吹きの風が吹き始めた。

軽トラにスキーを積んで森へ向かう。田おこしに忙しいトラクターを遠目に眺めながら集落を抜け、道脇のヤブ草が茂り始めた車道をゆるゆると登っていく。やがて途切れがちに小さく残っていた雪が、少しずつ大きな島のように繋がって、ヤブ野原が雪原に変わり始めた。1メートル、いや、もっと厚く積もっている。里ではすでに姿を消した雪が、ほんの少し山へ向かって標高を上げるだけで、まだこんなにもたっぷりと残っていたのに驚かされる。大きく開けた車の窓から、里の乾いたぬるい風に変わって、雪原を渡って下りてくるびっくりするほど冷たい風が吹き込んできた。

見回す山肌では、冬と春の、最後のせめぎ合いが続いている。里から登って来た春の新緑の波が、冬木立の森に打ち寄せて、芽吹きの時を促している。きっと今日と明日ではこの風景は違って見えることだろう。春が少しずつ勢力を広げて、緑が少しずつその色合いを変えているはずだから。


そしてその「新緑」の色合いの不思議なこと。

ブナの冬芽を覆っていた芽鱗を割って最初に現れるのは、柔らかい赤みを帯びた新芽だ。縮んでいた葉っぱが広がるにつれ橙色から黄色へと彩りを変え、やがて黄緑、淡い新緑へと変化していく。そんな自然のグラデーションは、まさに「紅葉」に見える。残雪と紅葉、そして新緑。冬と春と秋、いくつもの季節が混在したかのようなブナの「新緑」は、雪国の森を彩る春の姿そのものだ。

不思議な彩りは「新緑」の葉っぱに見られるだけではない。森の下地を覆う残雪は、落ちた多量の芽鱗に覆われて、まるで落ち葉の季節に迷いこんだかのよう。足元は雪と茶色い芽鱗、見上げれば新緑の天井。少し前までは雪とブナの幹しかない、モノトーンだった世界が嘘のように賑やかに、華やいでいる。

除雪終了地点に車を停め、スキーを履いた。たどる沢筋では深く遠く雪の下から水音が聞こえ、もうまもなく沢が顔を見せることだろう。太いブナの根周りには大きな穴が開いている。木そのものの温もりによるものなのか、暖かい雨によるものなのか、これを「根開け」と呼ぶ。まるで厚く積もった雪から抜け出そうとするかのような、力強いブナの鼓動を感じる。

薫風、という美しい言葉がある。
初夏の、瑞々しい新緑が放つ豊かな香りを乗せて漂う風。
今、雪国の森には、そんな風が吹いている。

村の共同作業「道普請《みちぶしん》」

今日は村の「道普請」。各戸から1名ずつ集まって、道路の清掃管理などの共同作業を行うことをそう呼んでいる。13時に集荷場に集合して、まずは区長から役割分担を受ける。

「最初にみんなで谷から。それが終わり次第、山へまわってもらって。公民館の人はガードロープとカーブミラーの設置、氏子さんたちはお宮の雪囲い外しを。堤係は五六七（山奥の水路）を見てきてもらって。あと何人かはチェーンソーで道路脇の木切りをしてもらいます。16時くらいをメドに、終わったら公民館に集合してください」ってこんな感じ。

この道普請は春と秋の年2回行われていて、道路の維持管理を中心に、村の溜池に引く水の管理、お宮の雪囲いなど、みんなの共同生活に欠かせない作業が行われている。

作業分担が決まると、さっそく軽トラに分乗して各自作業にかかる。

まずは谷へ下る道路沿いの側溝掃除。春は泥、秋は多量の落ち葉が詰まる側溝をひたすら掘り出していく。時にヤブ木が根を張り、泥や石で詰まった側溝からは水が溢れ出し、それを掘り出すのはなかなか大変な作業だ。泥水に浸かり、スコップで堆積物を掻き出す。腰が痛いし、冷たいし。こりゃキリがない、終わらんぞ、といつも弱音を吐きそうになるけれど、しかしこの村の人たちは相変わらずぐだらないバカ話を繰り出しながら、見事側溝を掘り出していく。あーだこーだと笑いが絶えない作業場って、自分の登山でももっと学ばなければいけないな、なんて気づかされるのだ。

掘り出した多量の堆積物は、重機で道路脇へと押し出され、これでここの作業は完了。

一方、山へ向かう道路沿いでは、公民館役員の人たちが中心になって、ガードロープとカーブミラーの設置が行われていく。除雪の邪魔になったり、雪で引っ張られて壊れたりするために、秋の道普請で外したものを春に再設置するのだ。また、村の溜池を管理する堤係の人たちは、片道1時間半ほどかけて山中にある水路の状態を確認しに行く。ヤブ道の枝木を刈り払いながらの行程はヤブ山嗜好の登山愛好家ならともかく、これまたなかなか大変な作業。年によっては雪に阻まれることもあり、時期をずらして行われることも多い。みんな、「道に迷った」とか、「遭難しそうになった」とかブツブツ言いながら帰ってくるけれど、そうは言っても、もともとこの山辺に暮らす人たち。なんだかんだとヤブ山歩きを楽しんでいるように見えてしまう。そうして各自分担作業が終わると、谷から上がってきた側溝掃除組と合流して、山側の道の作業が行われていく。

村の共同作業はこの道普請だけではない。祭礼や冬の道祖神祭り、消防団活動だって共同作業だ。場合によっては個別に招集がかかり、その都度必要な作業が行われることもある。山中にある水路整備に出向いたり、村内に側溝を設置したり。時には溜池に溜まった泥を流す作業とか、数年に一度の大規模な作業も行わ

れる。この時はみんなで腰近くまで泥に浸かり、子供顔負けの泥んこ作業だ。大変だろうが、ややこしかろうが、やはり現場には笑いがあって、面倒な困難にぶつかっても、いつも真剣に、それでいてのんびりと解決していくこの村の人たちには驚かされるのだ。

移住以前に住んでいた神奈川県の住宅地にも、自治会による公園清掃や簡単な道路清掃のような共同作業はあった。しかし側溝を掘り出したり、設置したり、時には重機を用いて作業するなんて、行政に頼んでやってもらうことだと思っていた。街から遠い山間地の暮らしは人任せではできない。消防団のような組織もそうだけれど、自分たちで出来ることは自分たちでやる、というのは当たり前のことなのだろう。

百の姓を持つから百姓という。百の姓とは、百の仕事を持つことだ。
土地を拓き、耕し、作物を育てる。修理や大工、ちょっと昔だったら鶏や牛など家畜のこととか、みんな多くの知識を持って生きてきた。ここはそんな百姓の住む村なのだ。
そうして、作業を終えたお百姓さんたちは今宵もまた、いつ終わるとも知れぬ酒宴に興ずるのだった。

山菜とソウルフード

「おとうさん、なんか食べるもの採って来て」と、かみさんが言う。

おいおい、何を気楽に。ウチの貧相な畑にゃあ、まだなんにも食べ物なんてありませんよ、なんてヤボな返答はしない。なにが食いてえんだ、なに、菜っ葉か。じゃあ、ウルイでもとってくっか。と、こうなる。

春が、競り上がる周辺の山々の新緑とともに、初夏という季節に変わる頃。晩飯ごとに繰り返される、我が家の会話である。

フキノトウ、コゴミで始まった山菜の季節は、ワラビ、ゼンマイ、タラノメ、ウルイ、ミツバアケビ、そしてウド、タケノコ、コシアブラ、という感じに標高を上げつつ移り変わっていく。今挙げた山菜が、だいたいウチから徒歩圏内で採れるもの。時期に合わせた「山菜地図」を頭の中に描いておくと、毎夕繰り返される奥様のリクエストにも応えやすい。特に我が家の強い味方はワラビだ。ウチの裏の斜面はワラビ畑になっていて、昼頃に採って、すぐに木灰でアク抜きをしておけば夜には食える。敷地に沿った道路端にも出るワラビは、時々路線バスの運転手さんが時間調整の合間に、「いつも悪いね」とか言って採っていったりする。あのおじさん、いい職場で働いているなあ、なんて思ってしまうのだ。

そんなワラビはウチの常備野菜ならぬ、常備山菜の代表選手。他にはウルイ、ウド、そしてタケノコが常備山菜のメンバーだ。

ここで言う「タケノコ」は、いわゆる「根曲りダケ」のことで、雪国のヤブ山を覆うチシマザサを指す。人気の山菜なので、この時期のヤブ山はタケノコ採りで大賑わいだ。特に信越県境稜線が通る関田山脈上では、信越タケノコ争奪戦が繰り広げられている。時にはタケノコ採りに夢中になって行方不明、消防団出動せよ！なんて事態も起きている。ありがたいことに我が家には小さな笹ヤブがあって、その日の分のタケノコを労せずして採ることができる。

このタケノコは、焼いたり煮たり炒めたり、水煮にして保存したりと、非常に汎用性の広い食材だけど、やはりなんといっても「タケノコ汁」がおすすめだ。そこで重要なのが、「サバの水煮缶」。この「サバ缶」は、飯山市民のソウルフードとも呼ばれ、家庭料理には欠かせない存在（らしい）。飯山市民のサバ缶消費量は日本一とも言われ、最近の全国的なサバ缶ブームによって品薄が懸念された際には、「飯山市民のソウルフードの危機！」が囁かれたほどだ。豪雪地帯である飯山市をはじめとする北信地域や上越地方山間部では、かつては冬の物流が滞っていたため、保存の利く身欠きにしんなどが貴重なタンパク源として重宝がられてきた。それがもっと手頃な「サバ缶」に取って代わられ、今では食卓に欠かせぬ存在になったというわけ。そういえば我が家の食料棚にもサバ缶がいつもゴロゴロ入っていますなあ。

そしてそんなサバ缶で作るタケノコ汁は、まさにこの地方の「郷土料理」とでも呼ぶべき存在。淡白なタ

ケノコの風味と、濃厚なサバの相性がすこぶるいい。なにしろこの時期にスーパーに行くと、特設コーナーに多量のサバ缶が山積みされていて、いかに飯山市民にとってタケノコとサバ缶の組み合わせが重要なのかが一目で分かる。他にニンジンやタマネギ、ジャガイモなど好みの野菜を入れて、味噌を溶けば出来上がり。ウチではシンプルにタマネギだけ入れて、その深い甘みとサバのコク、タケノコの野趣を味わっている。

家族が多いわりに冷蔵庫が空っけつのことが多い我が家では、常備山菜と常備「サバ缶」で出来る、ありがたい「お助け郷土料理」。山の畑（山菜）に頼る暮らしには、ほんとにありがたい季節である。

小さくて大きい鍋倉山

ごろっと、おにぎりのような山がある。濃い森に包まれて、やさしく、柔らかく、のんびりと続く山稜。小さな山村の背後から、静かに暮らしを見守っている。まるで昔話や民話の絵本に出てくるような、そんな山。小さな子供が思い描く山の姿は、きっとこんなカタチだろう。

長野県飯山市と、新潟県妙高市をまたぐ鍋倉山。信越トレイルが通る関田山脈の盟主的存在として知られている。いやむしろ最近では、バックカントリースキーのフィールドとしての方が有名かもしれない。標高が低いにも関わらず、良質のパウダースノーが楽しめるのが魅力だ。

地元の小学校では「なべくら学習」という授業があって、学年に別れて鍋倉山周辺を探索する。生活の背後に続く身近な裏山が学習フィールドだなんて、ほんとに羨ましい話だと思う。

鍋倉山を覆うのはブナだ。

いや、ブナが山を形作っている、と言うべきか。

たっぷりの雪。新緑と残雪。雨に煙る鬱蒼とした森。錦繍。ブナの森といえばそんな風景が思い浮かぶけれど、鍋倉山の魅力には、そこに「身近さ」が加わる。人の暮らしのすぐ裏に、人の暮らしに寄り添うように、鍋倉山はある。

登山道を離れてたどる、かすなか人の通い路は、すぐにヤブの中に消える。でもヤブと格闘しながらしばらく行くと、太いブナに囲まれた小沢の脇で、「水源林」と幹に彫られたブナと出会うのだ。いつごろ、誰が彫ったものだろう。麓の温井の集落の人たちだろうか。山を、森を、「暮らし」の一部として大切にしてきた痕跡を見つけた気がしてうれしくなる。

「原生林」や「大自然」ではない鍋倉山。「身近さ」「小ささ」が、この山の魅力である。

鍋倉山のブナを巡る旅は、尾根筋か、谷筋かで、違う個性の森に出会える。

日本海を間近に望む尾根筋では、積雪と厳しい季節風に叩かれて、さすがのブナたちも大きく育つことはできない。そこで出会うブナの木は、成長の妨げとなる障害物を避けるために下へ伸び、横へ這い、それでもやはり上を見上げて伸びていく。それはまさに、必死に生きようとする生命力そのものの姿。時に自分の人生を重ね合わせてみたりしながら、のたうち、這い伸びるブナに見入ってしまうのだ。

一方、谷筋では、豊富な水に恵まれて、厳しい風からも守られる好環境により、息を飲むような巨木に出会う。太く、高くそびえ立つブナ。もちろんそこまで育つには、他の木々と繰り広げてきた激しい生存競争があったに違いない。圧倒的な生の力に見下ろされて、自らの小ささを思い知らされる。

そんなブナたちが、鍋倉山を覆っている。

いつのころからか遠方の山上から、遥か鍋倉山を探すようになった。特徴のない山稜の、かすかなでっぱりでしかない山の山座同定は、なかなかの職人技である。やがて山から下りて帰り道、千曲川べりを走る車上から、ぐっと近くなった鍋倉山を見上げる。ああ、帰って来たなあ、と思う。そうして街を抜けて家のある鍋倉山山麓へと入ると、なんだかほっとするのだった。

そんなふうに探して、見つけて、ほっとさせられる存在。そんな山を、「ふるさとの山」なんて呼ぶのかもしれない。

老木が倒れても、繋がっていく森の未来

樹齢４００年とも言われる老木ブナ、森太郎。この木の存在が一般に知られるようになったのは、１９８７年に国有林伐採計画に反対する有志たちの手によって鍋倉山南面の谷で「発見」されてから。まるで天に昇る龍のように、白く脈打つ幹が猛々しいこの巨木ブナは、以降鍋倉山のシンボル的存在として親しまれてきた。

５月の新緑の頃、残雪を踏んでこの巨木を背後の斜面から眺める。遥か遠く、雪を残す越後の山々が見える。たおやかな山間を流れる千曲川が見える。そして、足下には、すぐ麓の集落が見下ろせるのだ。

つまりこの森太郎は、いつの頃からか、ずっと麓の暮らしを眺めて生きてきたのに違いない。もしかしたら、麓からもこの巨木を見上げ、見つめてきた人たちがいたかもしれない。いやきっと、杣人や狩人、山菜採りといった山人たちは、この木の存在を知っていたに違いない。ここまで登って来て、この幹に触れて、語りかけて、憩って。

その森太郎が、とうとう倒れてしまった。

巨木ブナの最後はどんなだったのだろう、と想像してみる。厳しい冬が過ぎ去った5月のある日、それは突然起きたに違いない。いや、人間の時間にすれば突然でも、森太郎にとってはジワジワと長く耐えてきた最後の瞬間だったかもしれない。芽吹きの前に地中から吸い上げる水分の重みは、老木には大きな負担になったのだろう。すでに腐って弱っていた幹の谷側からメリメリと亀裂が入り、芽吹き始めた枝ごと折れ裂ける。周辺の若木を巻き込みながら、その巨大な幹がまだ雪に覆われた地面へと倒れ落ちた時は、激しく地を揺るがしたに違いない。同時に幹はバリバリと折れ分かれ、いくつもの大きな樹塊になった。

森の主が崩れ落ちる様を、アカゲラは見ていただろうか。カモシカはその音を聞いていただろうか。立ち込めたであろう木と土、雪や水、それに柔らかい新緑の入り混じった匂いを、森の住人たちは嗅いだだろうか。

ヤブがうるさくなり始めた残雪の斜面を、僕は、倒れてしまった森太郎に会いに登っていった。夏道はまだ雪の下なので、登りやすいところを選んでたどっていく。ほどなく尾根を乗越《のっこ》して、今度は谷中へとヤブを伝って下る。4月の初めにスキーを履いてこの尾根をたどった時、樹間から森太郎の姿を垣間見たのを思い出す。遠くからでもその存在がわかる老木を見つけ、ああ、この冬も無事に乗り切ったんだな、と想いを寄せたのだった。

新緑が広がる残雪の谷。その一角に、巨大な老木は倒れていた。見覚えのあるゴツゴツとした太く白い幹が地を這うように横たわっている。倒れてもなお、その存在感は大きい。裂け折れて、今も地に根を張り留まる幹は、天を突くように空を見上げている。周囲にはナッツを思わせる香りが漂っていた。

幹の中は広い空洞になっていた。ウロの中に頭を突っ込んで見上げると、折れた天井部分から、青空に映える淡い新緑が見える。このウロに過ごすケモノもいたのだろうか。鍋倉山の馬蹄形の尾根に囲まれた谷の中、その中で一際目立つ巨木ブナ。ウロの中には代わる代わるケモノたちが集《つど》って…。山に、森に、木に抱かれた、森の住人たちと森太郎の暮らしを、倒れてしまった老木の脇に寝そべりながら想像してみるのだった。

そうして見上げる空は広く明るい。すでに老木であった森太郎の枝振りは決して勇壮なものではなかったが、しかしやはり森太郎が占有していた空は大きく広がり、周囲には明るい光が降り注いでいる。森太郎は倒れてしまったが、若いブナはもちろん、まもなく地面から芽生えるであろう小さな生命にとっては、これから100年、200年という時を生きていくまたとないチャンスだ。

土から芽生えるものだけではない。倒れてしまった森太郎の樹塊に着生し、その朽ちていく木を養分として育っていくものもいるはずだ。光や水、土や養分を奪い合う厳しい生存競争の末、やがて、かつて森太郎のものだった占有空間に大きく枝を広げ、この森を代表する巨木へと育っていくものがいるかもしれない。

残念ながら僕ら人間の時間ではそんなブナの姿を見ることはできないけれど、森の時間は静かに確実に木々を育んでいく。森太郎が400年前に芽吹いた時に始まったような時の流れが、またこの森で繰り返されるのだ。それは、躍動する生命に満ちた森の姿に他ならない。

夏

賑やかな木

キュッ、キュッ、キュッ、キュッ、キュッ、キュッ、キュッ…。

森の奥で、賑やかに鳴く老木に出会った。

朽ちかけたブナの大木。若々しい新緑の木々に囲まれて、ブスッと仏頂面をして立っている。そんな老木が、騒がしく賑やかに鳴き続けている。でもまさか、ブナが鳴くなんて。

初夏の森。あれだけあった雪に代わって、森に緑の波がやってきた。やがてヤブが繁茂して、森への通い路も覆われてしまうのだ。そして、木も花も、鳥も、虫も、獣も、みんななんだか忙しそう。芽吹きに彩り、恋や子育てに飛び回っている。まさに今、森は命に溢れている。そんな森からは、様々な音が聞こえてくるのだった。

ククッ、ククッ。

石を擦り合わせるような不思議な音に誘われてヤブを漕いでいくと、小さな湿地に出た。雪解け間もない池の周囲は、まだヤブが雪の重みで押しつぶされていて、ぽっかりと空を望む森の中の窪みを作っている。見ると、池の淵を覆う木々の枝からは白い泡のような塊がいくつもぶら下がり、さらによく見れば、多量のカエルたちがその泡の中でうごめいている。

モリアオガエルだ。

産卵をするメスを中心に、いく匹ものオスたちがおしくら饅頭のように押し合いへし合い大騒ぎしている。普段はほとんど目にすることのないモリアオガエルが、この「命の季節」にのみ、森の、どこからともなく現れて、こんな小さな池の周りに大集合する。一度にこれだけ大量のカエルを目にするとちょっとギョッとするけれど、白い卵塊と緑のモリアオガエルがブナの若木の枝先に鈴なりになって揺れている姿を見ると、ブナの森が育む「森の宝石」とでも呼びたくなってしまうのだ。


森の入り口の杉林から、甲高い叫び声が聞こえてきた。

ケッ、ケッ、ケッ、ケッ、ケッ、ケッ、ケッ、ケッ…。

夕暮れなんかだとちょっと不気味で、一体、何がどこから、と思って林の中を探し回ってみると…。

見つけた！


杉の中段よりずっと上、小枝を組み敷いた巣の中に、何か白い羽毛の塊みたいなのがヨチヨチとうごめいている。しばらく観察を続けるとオオタカの幼鳥だと分かった。どうやらヒナは3羽。甲高い鳴き声の正体は、親鳥が発する警戒音のようだ。あまりプレッシャーを与えずに、と思いつつも、ヒナの成長が気になって仕方がない。ブナの森と集落周辺に広がる田畑を背景に、里山が育むヒナ鳥たちは、7月下旬、元気に巣

立っていった。

森の奥で、賑やかに鳴く老木に出会った。

でもよく見ると、幹に開いた穴の中から、小さな、小さな顔が覗いている。

頭頂部が赤くて、なんとも愛くるしい顔。老ブナの声の正体は、実はこのアカゲラのヒナのもの。キツツキの仲間のアカゲラは、1年中この森で暮らす森の住人、僕の隣人だ。厳冬期にも、雪に映える赤い後頭部を振りながら、ブナからブナへと飛び回っている。

キョッ、キョッ、キョッ、キョッ。

やがてブナの梢を渡る黒い影。親鳥がやって来たらしい。

キュッ、キュッ、キュッ、キュッ、キュッ、キュッ、キュッ、キュッ。

鳴き声が一際大きく、まるで森の木々が笑っているかのように、騒々しく賑やかに響き渡った。

この森で一番賑やかな木は、もう芽吹くこともない枯れ木だった。でも一見無愛想なその老木は、大切な命をしっかりと抱きしめて、力強く立っていた。命なんて俺にはもう関係ない、なんて無骨な頑固ジジイの顔をしながら。いやもしかしたら、たくさんの孫に囲まれて幸せそうな、好々爺なのかもしれないけれど。

森が包むやさしい雨

山の雨は嫌いだ。

寒くて、冷たくて、厳しくて。おまけに視界もないので、仕事にだってなりゃしない。服も靴も、ザックも機材も濡れ鼠で情けない。ほんとにもう、不快でイヤ。

でも、森の雨は違う。

ブナの葉を揺らし、幹を伝い、柔らかい土壌に深く染み込んでいく雨。どこかやさしくて、親しげで、温もりすら感じてしまう。それはいったい、なぜだろう。

雨の森を知ってから、僕は好んで雨の日に森を歩くようになった。とは言え、車を降りて、濡れたヤブ道を森へと向かう時はやはり気が滅入る。正直言って濡れるのは嫌いだし、カメラを出すのも気が引ける。雨粒の付いたレンズをいちいち拭くのも面倒臭いし。ああ、やっぱり今日は家に居ればよかった、なんて思う。でもそんな時、
キョロロロロー…。

沢沿いの林間から、アカショウビンの声がする。朱色をした、カワセミの仲間。雨に煙った森の中に、美しい鳴き声が染み渡る。毎年この梅雨時にしか声を聞かないせいか、僕にとって、雨の森とは切り離せない

鳥。たとえ声の主が見えなくても、雨の森の住人の存在を感じるだけで、ああ、やはり今日はここへ来てよかった、と思うのだった。

ほどなく最初のブナの大木。

着物の紋様を思わせる地衣類をまとった幹を、雨水がトクトクと流れ落ちていく。

樹幹流だ。

枝葉をたどって集まった雨水が、木の幹から根元へと伝っていく流れをそう呼ぶ。その際に、幹や地衣類などに付着していた有機物が水に溶け込んで、そのまま根元の土壌へと吸い込まれていくのだという。いま目の前で、雨が、木を伝って、土壌を育んでいる。

森の中は、こんな樹幹流ばかりでなく、水の流れに満ちている。あまり雨の降り方が激しいと、土壌が吸い込みきれない水がいたるところで小さな沢を作り、森全体を巡る毛細血管のように広がりだす。時には小さな鉄砲水を出して暴れてさえいる。そんな多量の水を集めた源流の流れは、いつになく荒々しい様相を見せて、一路千曲川へと駆け下る。

いったいこんな日は、森の住人たちはどうしているのだろう。わざわざ雨の日に森にやって来る物好きな人間を、彼らはどう思って見ているのだろう。

森の中は、濃厚な匂いと、騒々しい音と、鮮やかな色に満ちていた。

湿った空気が運ぶ、土や水、木や草の匂い。葉を、幹を、土を叩く雨音。森中の水が騒ぐ賑やかな沢音。

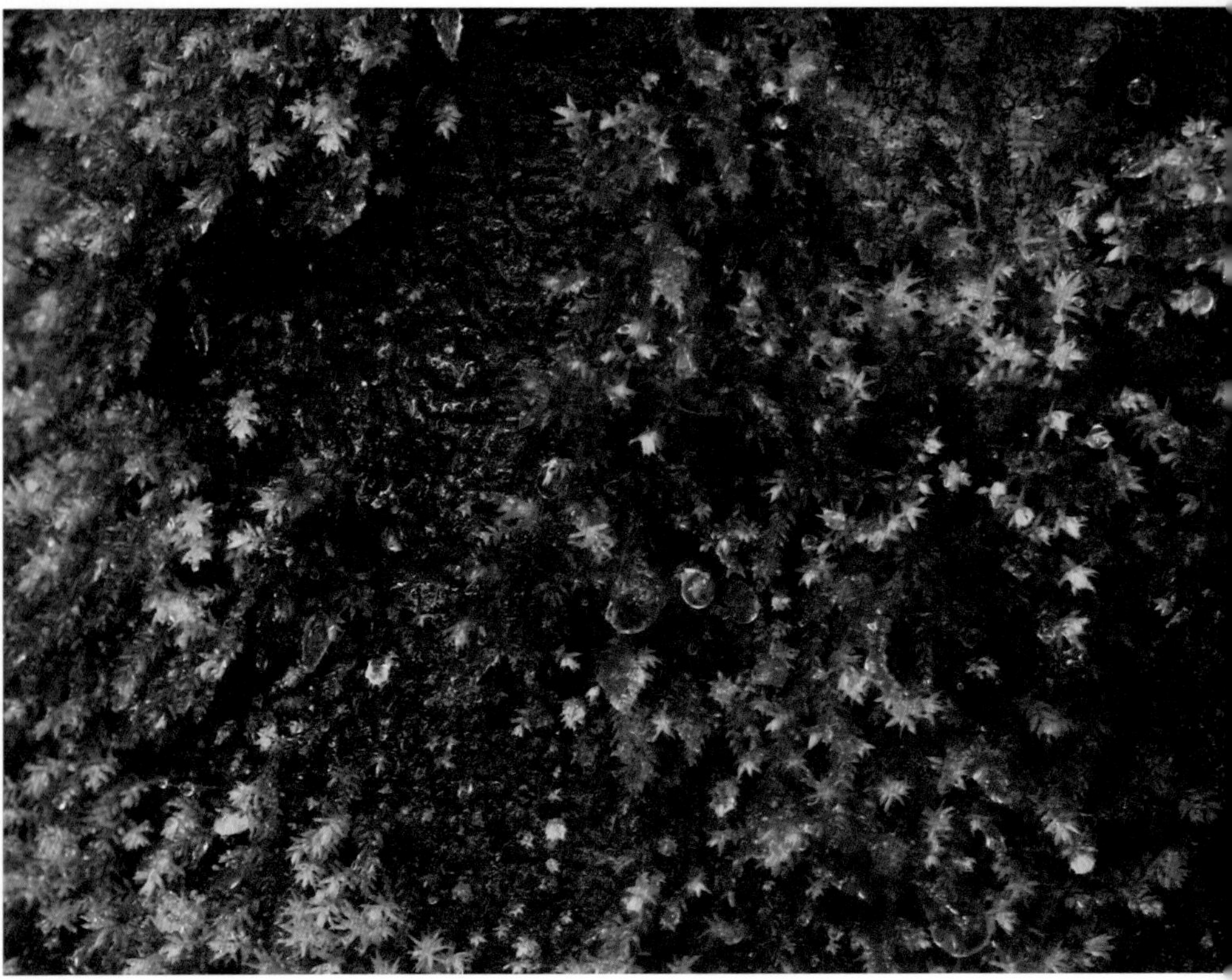

梢を揺らす風音。潤いに輝く葉っぱや、深く濃いコケの色。鈴玉のような水滴には初夏の森の色が映り込んでいる。

漂い流れる霧と雨は絶えず変化して、森は無限の広がりを見せている。見知ったはずの森なのに、まるで初めて来た場所のよう。見知ったブナの木々なのに、いつもより太く大きく、まるで巨人のように霧の中から姿を現す。

そんな森に覆われて、あてもなく雨の中を彷徨い歩いた。僕に降る雨は、枝葉や幹から伝い落ちる雨。僕の足元を濡らすのは、土や枯葉が受け止めた雨。まるで森にやさしく包まれて、冷たい雨粒から守られているかのよう。

だからきっと雨の日の森には、親しさや温もりを感じてしまうのに違いない。

森でクマが教えてくれたこと

ある日、森の中、クマさんに出会った。

そのクマは、沢筋に残った雪渓の脇で、なにやら新鮮なアオものを漁っていた。僕に気づいたか、気づかなかったか分からないけれど、もちろん「お逃げなさい」などとは決して言わず、やがてゆっくりと、対岸のヤブ斜面を登り始めた。

僕が鍋倉山の森へ本格的に通うようになったのは、2005年2月のこと。その2年前に、とあるスノーシューイベントが縁で、飯山へ足を向けるようになったのがそもそものきっかけだ。当時の僕は「自分の森」をあちこちと探し歩いている最中だった。まだ神奈川県に住んでいる頃だったので、丹沢や富士山麓へ、時間を見つけては森探しに出かけたものだが、どうしてもしっくりくる森に出会うことはなかった。

結局僕が探していたのは、雪＋森＝ブナ、という公式だった。雪が好きで、森に興味があって、となれば選択肢はブナ林しかない。そこに縁が、鍋倉の森へと僕を導いてくれたのだった。

そうして出会ったこの森は、小さくて、人の暮らしの気配がして、だから、豪雪地帯なのに暖かい。人の暮らしと地続きの森の大きさが、心地よく、僕にはちょうどよい広さに感じられた。

小さな沢を挟んだ対岸の、ちょうど僕の目線の高さに落ち着いたクマは、周辺の笹ヤブを踏み固めると、ゴロリと横になって昼寝を始めた。時折大きく寝返りを打つ以外はほとんど動きもなく、ヤブの中で腰を据えて眺める僕も、思わず居眠りをしてしまう。

雪解けの沢音。ブナの若葉を揺らす風。目の前のヤブでさえずるミソサザイ。

森で、「今」を、クマと共有して過ごす贅沢。

この時、時間と空間のすべてが、僕とクマ、森のすべての物たちだけのものになった。

森に通い始めて3年もたった頃、しかし、心地よかった森の大きさが、なんだか地味で、面白みのないものに感じられ始めた。アラスカの原生自然を撮り続けた写真家の作品。カナダでガイドを始めた友達の話。そんなものが、地味なヤブ森に通う自分に、嫉妬や迷い、焦りを抱かせたのだった。

ちょうどそんな時だったのだ。

森で、クマに出会ったのは。

クマは昼寝を終えて、再び沢底へ下り始めた。自分の退路が断たれる危険を感じて、すぐに荷物をまとめて下山にかかったものの、すでにクマが、僕の向かう先で昼寝後の食事を始めていた。

さすがに危険を感じ、自分の存在を、手を打ってクマに知らせる。あまり驚かさないように、控えめに。

しかしこちらの意に反し、ゆっくりと、堂々と、僕に向かって歩き始めた。

大きい。黒々と美しい毛並み。
もっと大胆に手を打ち、自己主張する。
しかしクマは、不思議なほどに自分の存在を僕にさらしながら、さらにゆっくりと近づいてくる。
そして突然、何の前触れもなくクマは進路を変えると、急なヤブ斜面へと消えていった。

以来、僕は、つまらない嫉妬心を抱くことなく、この森に通い続けている。あんな大きな生き物を、この森が育んでいることを知ったから。小さくて地味だけれども、多様で美しい森であることに気づかされたから。
あの日アイツは、僕にそのことを教えてくれたのだ。

ずくなしの畑仕事

今年も畑の雑草が元気いっぱいだ。

ワサワサ、ザワザワと畑を埋めつくし、キュウリやトマトを採りに行くのにも朝露まみれのヤブ漕ぎを強いられる。別に草を育てているわけじゃあないのに。雨と太陽。高温多湿なアジアの風土は、どうしてこんなにまで命が盛んなのだろう。いやいや、そもそもこんなに雑草だらけの畑は見たことがない。さぞかしこの畑のオーナーさまは、相当な「ずくなし」人間に違いない。

我が羽広山集落では、春の雪解けとともに畑の準備が始まる。ここは専業農家の村だから、土が見え始めるとみんなの顔つきも変わる。除雪道具を倉庫にしまい、代わって農機具が登場する。

野良には人の姿が溢れ出し、スノーキャロットの収穫、田おこし、田植え。そして初夏から夏へと季節が移るのに合わせて、アスパラガスやズッキーニなどの代表作物の生産が始まっていく。

我が家は5月の連休中にジャガイモを植えて、以降徐々に畑をかまいだす。山間の冷涼地なのであまり早くから野菜の苗を植えても育たない、なんて言いながら、日々畑の世話を遅らせているのは、やっぱりずくなしだから。

慣れぬトラクターにまたがり、あっちへウロウロ、こっちへウロウロ。いびつな耕うん痕を残しながら、どうにかこうにか土をおこす。

さあ次は畝を作って、マルチ（防草、生育促進のために畝に被せるビニール）を張って。キュウリの棚を作るのがまた一苦労だ。かみさんと2人、あーだこーだと言いながら組み上げる。毎年やっているのに、なぜか毎年混乱は避けられない。まあそれでも、なんだか今年は上手くいったね、なんていいながら、他所より明らかに貧相なキュウリ棚に満足しているのだから、幸せというか、なんというか。

ここまで出来ればあとは作付けだ。買ってきた野菜の苗を植えたり、タネを撒いたり。キュウリ、トマト、ナス、ピーマン、シシトウ。スイカにカボチャ、トウモロコシ、それにサツマイモ。6月の初めには大豆を撒いて、やれやれ、なんだか畑らしくなったぞ。

しかし、いつしか「ずくなし」ぶりが発揮された我が畑は、梅雨開けの頃には一面の草原と化す。勝手気ままに蔓を伸ばす自由奔放なスイカとカボチャは、爽やかな高原の夏休みを謳歌して、時に異種交配による不気味なウリが出現する。低木のジャングルと化したミニトマトは鈴なりに実を付けてはいるものの、深い茂みに立ち入ることが出来ず、収穫には遭難必至の覚悟が必要だ。

あれ、そういえばピーマンとシシトウはどこいった？　すでに雑草に飲み込まれた哀れピーマンたちを救うために、急遽救助隊が組織される。すでに畑というよりも、野生状態の作物たち。これじゃあ、春先の山菜採りと変わりませんな。

なにしろウチの畑はムラの入口の交差点、北アルプスなら「羽広山銀座」とでも呼びたくなるような場所

にあるので、あまりにも人目につく。「今年もよく草が育ったね」なんて挨拶代わりに言われたりして、いやはや、恥ずかしいやら、情けないやら。

時には隣のアニキから声がかかり、ズッキーニの苗植えや収穫を手伝う。昨今のコロナ禍で大学に行けなかった長男は、毎朝収穫のバイトをさせてもらっていた。

この土地に暮らす人たちは、文字通りこの「土」で生きている。干ばつや水害など、自然の力に翻弄されつつ、知恵と経験、技術や道具で「土」からモノを育てて生きている。日の出前から野良に出て、収穫や出荷、水や肥料をやって、夕暮れになってもまだトラクターが畑を行き来している。そんな農家の人たちの生き様は、自

然とともにある人間のあるべき姿かもしれない。

草だらけの畑の主が何を、と言われそうだけれど、そんなみんなの暮らしぶりがカッコよく思えてならないのだ。

羽広山消防団、出動せよ

「火災についての緊急放送をお知らせします」

ひときわ大きな音で、居間にある防災無線が騒ぎだす。2階の仕事部屋から慌てて階下に降りて、無線に聞き入る。

「飯山市○○、▲▲さん宅の倉庫から火災発生。該当地区の消防団は直ちに出動して下さい」

ひやっ、ウチの担当地区ではなかった。ほっと一安心するものの、いつなんどき火事や災害で消防団出動となるか分からない。緊急放送が入ったときはいつでもドキドキだ。

移住した翌年、請われて消防団に入った。

消防団というのは、火災、災害など有事の際に、常勤の消防職員に代わって活動する、地元密着型の消防・防災組織。防火、防災などの啓蒙活動も行っている。そんなことは若い連中がやるものだと思っていたら、なにしろ少子高齢化の村のこと。我が区の団員は40代、50代が当たり前。ひとたび入団すれば、代わりに自分の息子でも差し出さない限り死ぬまで団から抜けられない、なんて言われている。

そもそも山間の僻地だからこそ自分たちで自分たちの土地を守るのは当たり前。まして冬季夜間には交通が途絶する豪雪地帯となればなおさらのことだ。

入団した2月末には新兵（新人）訓練なるものがあり、規律や行進の基本を学ぶ。

あれ、消防団の訓練って、ポンプ使って放水したり、災害時の心構えを習ったり、そんなんじゃないんだな。

例年4月末には観閲式なるものがあり、市長などのお偉いさん方が見守る中、市内を行進して練り歩く。ラッパに合わせて腕振って、軍隊調の号令で、気をつけ、敬礼、全隊休め。

あれ、消防団の活動って、こんなふうにパレードすることなのかな。

毎年、各分団がポンプの操法技術を競う「ポンプ操法大会」なるものが開かれていて、２０２０年が我々の回り番だった。４人編成のチームに僕も加わり、平均年齢47歳という高齢チームの出来上がり。夕方から照明のある橋の上で練習を繰り返し、１秒でも早く！規律に従って正確に！

あれあれ、消防団の活動って、人と競うことなのかな…。

まあ、そんな疑問を持たなくもないけれど、水害に備えた水防訓練や飯山市の総合防災訓練、火災予防週間には火の見ヤグラに登って半鐘を叩き、ポンプ積載車で村内を夜警する。冬には雪に埋まった消火栓や防火水槽を掘り起こして点検するなど、火事や災害はもちろん、行方不明者の捜索などの緊急出動以外にも、年間を通じて消防活動が行われている。

２０１７年5月、集落の東を流れる井出川上流で山腹崩落が発生し、下流域の住民に避難勧告が出た。地元である我々第10分団には当然出動命令が下り、さらなる鉄砲水の警戒、監視にあたった。

２０１９年10月の台風19号の際には、千曲川の内水氾濫が発生して出動。ポンプによる排水作業と、村落周辺の出水の補修・保全作業にあたった。

２０２１年5月には戸狩温泉スキー場で下草火災が発生。この時は飯山市消防団全団員に出動命令が下り、「おらほ」のスキー場を守るために、ゲレンデ内での消火活動が行われた。

最近は火事よりも水害での出動の方が多くなったと言われるけれど、千曲川が流れる飯山市では昔から深刻な水害が後を絶たない。すでにこの8月も、発達した低気圧による豪雨で内水氾濫の恐れが生じ、排水作業のために出動したばかりだ。

温暖化による激甚災害の増加が予想される昨今、この先もますます消防団の出動機

会が増えることになりそうで、山で味わう「自然」とは違う、もう一つの「自然」の存在に怯えてしまう。

そんな有事に備えるのが消防団。でもここ羽広山消防団のメンバーは、祭礼など村の主要行事を始め、共同作業などでも中心になる実行部隊の面々だ。だから、なんだかんだと理由をつけて集まって、馬鹿話に興じながら酒を飲む。正直、消防団活動と言っても式典や規律など、煩わしい事象も数多くあるけれど、しかしこの連中と一緒だと、なんだか楽しくやっていけるから不思議だ。

そんなわけで、こりゃやっぱり死ぬまで消防辞めれんかも、なんて思ってしまうのだった。

暮らしに欠かせない山の水

その年は梅雨がなかった。というか、雨が降らないままに梅雨が終わってしまった。アスパラガスやズッキーニなどの代表作物の他、田んぼを抱える我が羽広山集落は農業中心の村。こんな日照りの年はみんなの顔が日焼けで黒くなるだけならいいが、深刻な水不足が想像されてなんとも心配。畑は砂漠みたいに砂埃が立ち始めているし、いつもだったら猛威を振るう雑草でさえもカラカラで元気がない。この先一体どうなってしまうのだろう。

台地状の高原にあるこの集落は、遥か足元を流れる出川と井出川という二つの川に挟まれているものの、直接集落に流れ込む川がない。そのため山の水をどう引き込むかが昔から大きな問題だったと聞く。約500年近く昔、室町時代に隣の温井集落の枝郷として始まったと伝えられる羽広山、当初は人口も少なかったので沢水をまとめることで耕作も可能だったのかもしれない。

現在、村には「堤係」という役があって、集落の溜池である「堤」と、村内に引き込まれている水の管理を任されている。2人1組で構成されるこの役に、僕も数年前に充てられたことがあるが、大雨の時や、渇水時の水門の開閉などが主な仕事だった。他にも、関田山脈源流部に掘られた水路「五六七」があって、山道のヤブを分けながら往復3時間余りの道のりを、この水路の整備に行くというのも重要な役目だった。たどり着いた「五六七」は太いブナが立ち並ぶ斜面の末端にあって、本流に落ちる沢水の一部が、幅30センチほどのか細い水路を通って堤へと誘引されていた。

「五六七」というのは享保年間（18世紀前半、江戸時代）に実在したとされる村人の名前。推察するに、このころ村の「五六七」さんが、山の水を少しでも多く取り込むために山中に水路を作った、ということだろうか。江戸時代にはすでに水の確保が大きな課題だったのかもしれない。現在その水量を見ると、それを取り込んだところで大きく村への流量が変わるとは思えないが、今でも毎年この水路の整備・管理が行われていることを考えると、やはりいかに水を確保することが大切なことかと想像される。

村には山の水を引き入れた大きな堤（溜池）があって、農業用水と、冬の消雪用の水として利用されている。今年のような少雨の年でも、豪雪の山が蓄えた水がなんとか流れ込んできている。

数年に一度、この堤の「泥上げ」が、やはり堤係の指示のもとに行われる。山から流れ込んだ泥で堤の底が上がり、水の排出が困難になるのを防ぐのが目的だ。数週間前から堤の水を抜き、当日は村の男たちが腰まで泥に浸かって、溜まった泥を流し出す。あーだ、こーだと声を張り上げ、体を張って、時に知恵を絞りつつ、決して若くもない男衆の泥んこ遊びさながらの作業は、共同体としての力の結集そのものだ。ドジョウを見つけて慌てて捕まえたり、大きなイワナの死骸を見つけて大騒ぎしたりしつつも、村の共有財産の管理がなんとも大切で大変かを思い知らされる。

この堤が作られたのは明治時代のことで、それ以前はもう少し上流部に「上の堤」があったらしい。水漏れがひどくなり、現在の「下の堤」が大規模な工事で作られたため、今では完全にその役目を終えてしまったようだ。

田んぼをやらない自分にとっては、堤の水が重要なのは夏よりもむしろ冬の方だ。自分の敷地内に引き込んだ流れを消雪に利用させてもらっているから。除雪機で飛ばす雪は場所が移動するだけだけれど、水は確実に雪を消していく。水を上手く流すための管理はなかなか大変だけれど、しかし毎冬、どれだけこの水に救われていることだろうと思う。

背後に広がるブナの森。雨と雪に満たさ

れたこの森は、山の潤いをたっぷりと蓄えて、里の暮らしを支えている。500年の里、羽広山。ここでは、山の水に満ちた暮らしが育まれている。

里で出会うケモノたち

部屋で仕事をしていると、自分のすぐ脇の壁の中で、ズルズルゴソゴソという音がすることがある。初めはほんとにびっくりして、壁を叩いたり、窓から壁の外側を眺めてみたりして、音の正体を突き止めようとした。

いまだその音の主は不明だけれど、音の発する雰囲気（動き？）をイメージすると、太くて長い生き物がのっそりと這い回っているような感じ…。ヘビ？

あるいは、何か毛がモシャモシャした生き物が、壁の隙間をズルズルと行ったり来たりしているかのような感じ…。イタチ？

廊下の天井から寝息のような音が聞こえてきたり、居間の壁から悪臭がしてきたり（これは多分ネズミの仕業）、とにかくこの家には多数の同居人がいるらしい。

家の周辺ではアナグマやタヌキ、イタチをよく見かける。何を思ったのかカモシカが、蹄の音も高らかに玄関先へやってきたこともある。先日、ヤブを掻き分けて現れたアナグマは、僕と娘が見ているにも関わらず、こちらの足先に触れる距離までやって来た。それから初めて見られていたことに気づいたような顔をして、慌てて逃げて行った。その注意力散漫な姿が、なんとも愛らしい。

そんなふうに我が家がケモノたちの住処だったり、通り道だったりするわけで、そうすると当然だが、ウチの畑は彼らの食卓だったりする。

いわゆる食害ってやつだが、去年はほぼ全てのトウモロコシとスイカが食われた。これでは畑でケモノたちを飼っているようなもので、「食卓」というより「牧場」である。トウモロコシは茎ごと倒されて荒らされて、腹が立ったのでまだ実が成る前の茎を自分で抜いてしまった。

スイカは明日採ろうと思った実から食われていく。プラスチックの籠を被せて重しを載せて安心していたら、地面に穴を掘って進入されてしまった。そろそろ食べ頃だろうと思って籠を除けたら、綺麗なスイカの皮だけが残されていて、情けないやら、感心するやら。とにかく彼らに狙われたらそれで終わりだ。

最近はしっかりネットを張ることを覚え、どうにか人間様の食卓にもトウモロコシやスイカが並ぶようになりました。


家の中はネズミの天国だ（いや、外も！）。山道具をしまっている倉庫は定期的に掃除をしないと、糞尿被害で大変なことになる。ビニールや紙類も、巣材にするのか細かく切り刻まれてボロボロになってしまう。新車のエアコンからネズミの死骸が出てきたり、除雪機のケーブルがかじられてエンジンがかからなかったりしたこともあったが、時に訳のわからない「怪」現象が発生する。

朝起きると各自の靴の中に大豆が一粒ずつ入っていた、とか。

夜、誰もいない土間に置いた犬用の餌入れが勝手に揺れ動いている、とか。

軽トラの取説が、ダッシュボードの中で綺麗に切り刻まれて玉のようになっていた、とか。

ある日、トイレの窓から入ってきたヘビを追い出そうと網を倉庫に取りに行くと、網の袋の中に集められた藁に包まれて、ピンク色をしたネズミの赤ちゃんが3匹鳴いていた。やれやれ、ヘビとかネズミとか、どうしろってんだよ。なんだか自分が動物園の飼育係にでもなったかのような気がしてくるのだった。

森と里で出会うケモノの種類は同じでも、その関わり方はだいぶ違う。森では、自分は自然に対する傍観者に過ぎないが、里では生活者としてケモノに関わる。それは時に防獣や駆除という立場であったりもするが、より深くケモノと関わる機会でもある。

そんな森と里の接点にある暮らしが楽しくて仕方がない。

森で1人、夜を明かす

樹間から見上げる雲が焼けている。すでに森の中は暗く落ち、明かりが残っているのは残照の空だけだ。地べたに寝そべって今日最後の光を見送る。もうまもなく、夏の夜が森を包み込むことだろう。

実はここだけの話だけれど、いつも通う森の中に、自分だけの小さなテント場がある。かすかに続く森への通い路を離れ、森を分ける谷を渡る。滑りやすい山腹の急斜面を、ヤブを伝って這うようにたどっていく。やがて傾斜が落ちた笹ヤブの合間から沢筋へと出て、わずかに登れば目印のブナが見えてくる。

そこは傾斜地が続く森の中に、やっと見つけた小さな平坦地で、すぐ近くには小沢が流れている。太い2本のブナと、笹ヤブの隙間。足元の倒木に立つと、森の奥へと林立するブナの木々を見渡すことができた。


森に泊まるなら冬がいい。雪をならせばどこでも好きなようにテントが張れて水にも困らないから。場所を選べば雪洞だって掘れる。でもヤブの季節はなかなか厄介だ。平らな場所と水場は限られるし、ヤブが繁って思うようにいかない。そんなわけで森中あちこち歩き回ってやっと見つけた「おらほのテント場」は、

またとない素敵な泊まり場だったのだ。

夕飯を終えると、もうすっかり森は暗闇だった。

しっとりと冷たい森の空気に身を浸しながら、大きなブナの根元に寝そべってひとり酒を飲んだ。

月明かりもない夜の森は深い闇に閉ざされて、視覚はほとんど役に立たない。見上げる空と梢がかすかに見分けられる程度で、おぼろげに森の輪郭が分かるのがせいぜいだった。

フクロウが鳴くだろうか。ケモノの歩みを感じられるだろうか。

一生懸命五感を研ぎ澄まして、夜の森を闊歩するモノたちの気配を感じようとするけれど、なかなかそうは上手くいかない。

沢音と、時折木々を揺らす風の音。そんな静かな暗闇が、ずっと森の奥へと続いているだけだった。でもきっと、森の住人たちは僕の存在に気づいているに違いない。気づいているからこそ、こちらを避けているのか、それとも無視しているのか。暗がりが、いつになく森を深く大きく感じさせていた。

そんな暗がりと静寂を肴に酒を飲む。

土の匂いがする。木の匂いも。そんなものを嗅いでいると、また酒が進む。

今この夜の森を共有しているであろうモノたちの存在に思いを馳せて、1人酩酊する。

そうしてよろよろとテントに潜り込むころ、どこか遠くで鳴くヨタカの声がかすかに聞こえてきた。

夜明け前、それまでの静寂を打ち破るかのように、森中の鳥たちが鳴き始めた。こんなにも鳥が、生き物たちがここにいたのか、と思わせる騒々しさ。そんな森の声を、僕はテントの中で寝転びながら、ただただじっと聞き入っていた。

光の気配を感じてテントから這い出ると、朝日がブナの幹を差し照らしていた。

白い幹が、どんどんと紅く染まっていく。見知ったつもりのこの森で、初めて出会う紅い森。やがて夜の暗闇と対照的な光の帯が森の隅々へと広がり、光が「鮮やかさ」から「明るさ」へと変化していく。

そうして始まった森の1日。騒々しく鳴くミソサザイの声に急かされながら、僕は森の奥へと入っていった。

初めて出会う森を探しに。

小さな村の、小さな祭り

盆を過ぎると祭りだ。

月末の祭礼に向けて、毎晩公民館に集まって神楽の練習が始まる。

笛、太鼓、子供たちの舞、獅子。

移住してきた最初の夏、「じゃあ、星野さんは笛ね」と言って篠笛を手渡されて以来、僕の山道具に笛が加わった。せっかく与えてもらった自分の役目、なんとかできる範囲ででも演奏できるようになりたくて、撮影で山に入るたびにこっそり笛を吹いた。もしも黒部とか雲ノ平とかで、怪しげな笛の音を聞いた人がいたとすれば、それは山賊とか河童の仕業ではなく、僕が練習する情けない笛音だったかもしれない。

そもそも数多い演目のメロディーが分からない。何度聞いても全部同じに聞こえて、ピーヒャラとか、プーピーとかにしか聞こえない。楽譜もない。だいたい篠笛なんて、いったいどうやって音を出したらいいの?

しかし、いつもは呑んだくれて馬鹿話に興じる村の面々が、ひとたび笛を構え、太鼓に向かい、獅子の面を被り、舞に臨むと、びっくりするようなアーティスト集団へと変貌する。

はっきり言って、カッコいい。

奉納

祭りの一番の見所は若手、青年による「剣の舞」だ。明治時代に上越の安塚地区からここ羽広山集落に伝えられ、後に周辺の集落に広まったとされる。勇壮果敢でありながら、どこかしら妖艶さをも感じさせる舞だ。昨年は逆に、この舞が途絶えてしまった上越の集落から、舞の継承のために保存会の人たちが見学にやってきた。このような関田山脈を挟んでの信越の親交関係は古くから伝えられる話だが、昔、祭りを見にきた上越の娘さんが、勇ましい獅子の舞い手に一目惚れをして、この村へ嫁いできたという事例も実際にあると聞く。

2日間に渡って行われる祭礼の1日目は舞や獅子舞などの神楽を、2日目は神主を招いての神事と直会《なおらい》を行う。初日の午前中は会場準備、夜の9時に公民館で神楽が始まるが、そのころにはすでにみんな酔っ払っている。そりゃ祭りだから。子供たちの舞と、獅子舞が披露された後、お囃子にのって、みんなで村中を練り歩く。御神酒を飲りながら吹く僕の笛は、なおいっそう怪しく、しかし酔えば酔うほど調子に乗って……。

村を一巡りしてお宮へ。そこで天狗の舞と獅子舞が始まる。いよいよ調子に乗って笛を吹き鳴らしていると、それは違う曲だ、と言って怒られる。だって似ているし…。やがて松明片手に舞っていた天狗が注連縄を断ち切ると、一連の天狗と獅子の舞が終わる。

以降は舞台を境内と御堂に移して、さらに舞が続く。子供たちの舞、獅子舞。住人60人足らずの村で、よくもまあこれだけの演目を、と思う。笛と獅子を兼ねたりして、人によっては何役もこなしたりする。境内に店を出す露店はおでん屋と唐揚げ屋の2軒だけだ。これだって、先週隣の温井の祭りに出かけて行き、直々に出店の依頼をしてきたお店だ。そんな小さな村の、小さな祭り。

そのトリに行われるのが、「剣の舞」だ。
深夜の山間に流れる緩急変化に溢れるリズム。古く小さな御堂で、激しく静かに舞い踊る3人の姿。ただ見るのではなく、自分自身が参加することで、この村の仲間たちと過ごす時間のありがたさがひしひしと湧いてくる。村の、祭りの一員として、今僕はここにいる。そんな「おらほ」の祭りの余韻が、酒の酔いとともに、いつまでも僕の中から離れない。

この土地では、お盆を過ぎると急に寒さを感じ出す。祭りの後、囃子を口ずさみながら、ぶらりぶらりと千鳥足で家まで帰る夜道が、なんとも寒々しく感じる。
確実に夏が終わって秋の到来を、来たる雪の季節を意識せざるを得ないのが、祭りの後の寂しさである。

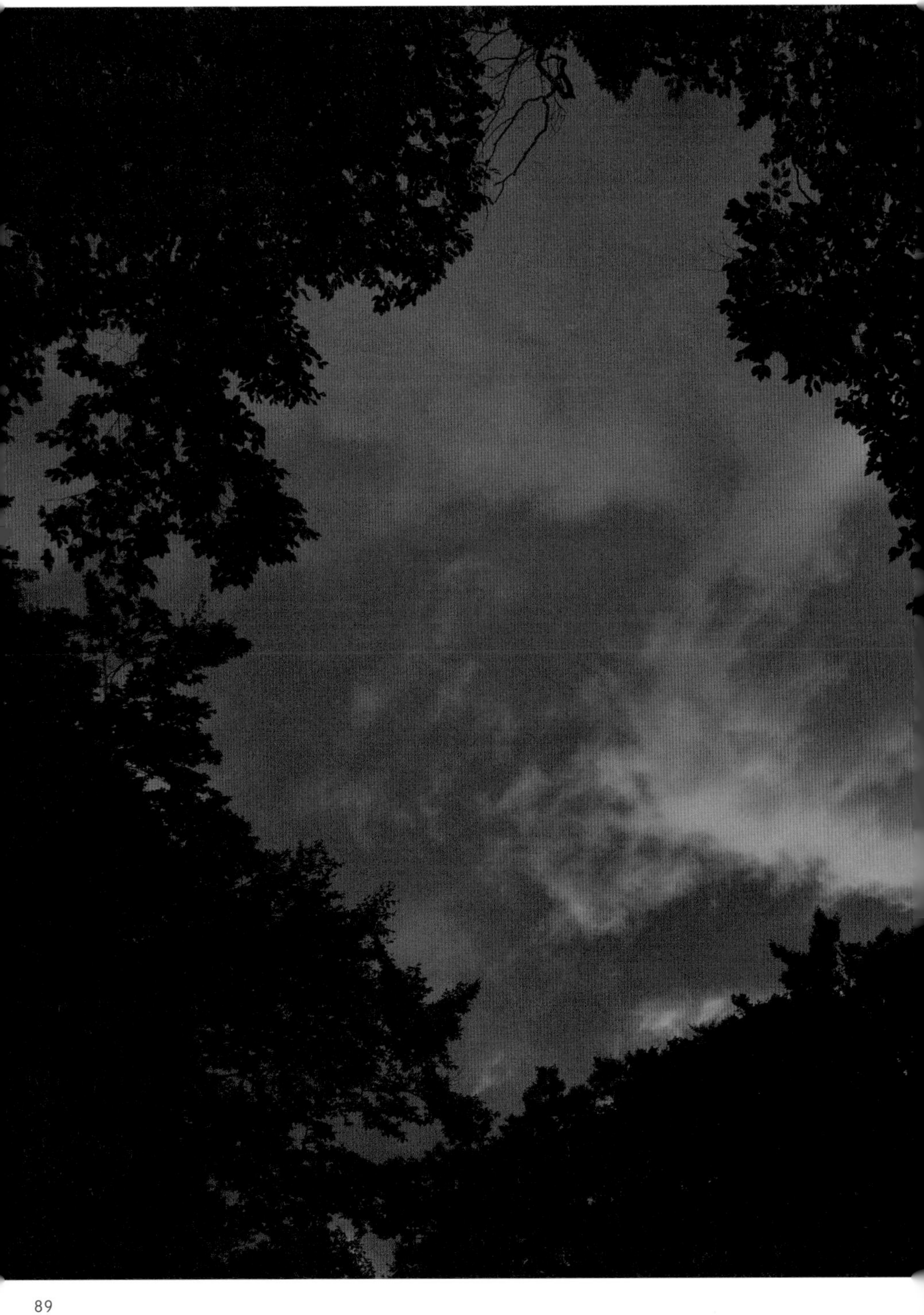

column 01

「ふるさとの実家」を買う。

家を探す、というのはなかなか難しい。知らない村に行って、「空き家はないか」なんていきなり聞くわけにもいかないし。地元に知り合いがいればそのネットワークを大いに活用するのはもちろんだが、最近は空き家などの物件情報を提供している自治体も多いので、そんなものをうまく利用するのがおすすめだ。物件ばかりでなく、自分が住むことになるかもしれない集落のことも事前によく調べておくことも忘れずに。飯山市の場合は移住定住推進課が管理する「住んでみませんか」というネットサイトがあり、空き家の検索などが可能だ。

築100年前後の古民家なら宅地はもちろん、車庫や倉庫、畑まで付いて数百万円台で購入可能だが、家屋の状態はやはり値段相応だ。台所や風呂などの水回りはもちろん、屋根や床など、手を入れないと住めない物件が多い。家は人が住まなくなると傷みが進むので、無人になってからの期間の長さに要注意。多雪地帯なら除雪の方法の確認も重要だ。屋根の痛み具合を見れば雪が溜まりやすい場所が分かるので、想像力を働かせて見てみよう。

いざ購入、となっても最低限の改修工事をしなければ住めないのが当たり前。ウチの場合は引っ越し前に、台所と風呂の脱衣所、根太が腐っていた部屋の床、屋根の塗装など、生活するのに避けがたい、最低限の改修を行なった。もしかしたら移住に失敗、なんてことも考慮して、なるべく初期投資を抑えた。

以降、優先順位の高い箇所から順繰りに、居間の壁と天井、薪ストーブの設置、2階の子供部屋と屋根裏部屋、台所の移設、屋根の改修など、毎年のように少しずつ工事を重ね、最近やっと格好がついてきた感じだ。

家が綺麗になるにつれ、子供たちが巣立って行ってしまうというのがなんとも悲しい現実だが、まあ「ふるさとの実家」なんて、そんなものかなあ、なんて思ったり…。

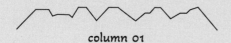

column 02

鍋倉山へ登ってみよう。

鍋倉山は信越の県境を分ける関田山脈の盟主的存在。小さい「ふるさとの山」だけど、春から秋は美しく彩られたブナの森、冬はバックカントリースキーの人気エリアとして知られている。総延長110kmにも及ぶ信越トレイルの一部としても四季を通じて存在感を放っている。

グリーンシーズンにこの鍋倉山に登るには、県道95号線の関田峠から往復するのが一般的。尾根筋をたどる起伏の少ないトレイルは、子供連れにも安心だ。手前の茶屋池を起点にすれば、池周辺のブナ林も楽しめる。

関田峠からほどなく歩くと美しいブナ林に出る。トレイルの両側に広がるブナの木々は白い幹を際立たせ、雪国のブナらしく林立している。茶屋池との分岐を過ぎると左手に小さな池が現れる。ここでは初夏に、モリアオガエルの産卵が見られる。滑りやすい急な登りから灌木帯の尾根をたどり、いくつか小さなピークを過ぎると黒倉山。ここから久々野峠へとわずかに下り、登り返すと鍋倉山に着く。樹間からわずかに妙高山方面や千曲川方面を望むが、ヤブに覆われた山頂なので展望は期待できない。刈り払われた北側は小さな広場になっている。帰りは往路を引き返す。

鍋倉山へは他に、中腹から登る巨木の谷コースがある。ここは2022年に倒れてしまった巨木ブナ「森太郎」のあった谷筋のルート。急な斜面から山腹を巻くようにして久々野峠へ至るが、ルート状況は要問い合わせ（下記の森の家へ）。

ブナの森散策ということなら、茶屋池周辺がおすすめ。池周辺のみならず、林間の遊歩道でも魅力的なブナに出会える。また、体験型宿泊施設「森の家」周辺には整備された森林遊歩道があり、ガイドマップなども充実している。集落の裏手に広がる里山のブナ林を巡って見たい人におすすめだ。

問い合わせ先
なべくら高原森の家
TEL.0269-69-2888

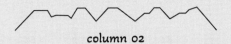

秋

集めて、切って、乾かして——薪を備える

冬が近づくと、やたらと忙しくなる。

雪囲い、水路の点検清掃、車庫と倉庫の片付け、除雪機の点検とか。都会で暮らしていた頃ならせいぜいタイヤ交換と、冬山道具やスキーの準備くらいしかすることなんてなかったけれど、雪国に暮らすというのはなんと仕事の多いことか。そんな冬支度の中で欠かせないことの一つが、ストーブ用の薪の用意だ。晩秋の晴天が続いた頃、裏のブナ林へ行き、焚きつけの枝を軽トラに積み、スギ林で着火剤代わりのスギ葉を集める。もちろん薪仕事は、切って、割って、乾かして、というように、春から秋にかけて何かしらやっているもので、その最後の仕上げが、前述の枝葉集めと、冬用の乾燥した薪を家屋に取り込むという作業。あとはぬくぬくと木を燃やすばかり。いくら隙間だらけの古民家と言っても、燃やせば燃やすほど暖くなる、はず。

僕が最初に手に入れた薪は、以前借りていた家の隣に生えていたケヤキの大木だった。除雪の邪魔になるからという理由で切られたその木をもらい受け、慣れぬチェーンソーと斧で薪にした。以来、人のつてで手に入るものはもちろん、雪や風で倒れたり、切られたりした木を見つけては種類を選ばず、切って、運んで、割って、乾かして。おかげで我が家の薪棚は、スギ、ブナ、ホウノキ、ナラ、リンゴ、カキ、ポプラ、

ヤナギなどなどの雑木が集まって、まるで小さな森のような様相になった。

そんな風に色々な木を薪にしてみると、ただ森で木を見ていた時以上に、もっと木を身近に感じるようになった。

同じ太さでも重さが違うブナとスギ。実際に切った重い幹を運ぶことで、ブナがゆっくり時間をかけて成長していったことを実感する。

割って初めて知った、木の匂い。木肌の感触。

まっすぐで割りやすい、性格のいい木。クサビを入れても割れない、節のある性悪な木。薪としての良し悪しはともかく、そんな木の個性が感じられて面白いのだ。

この家に引っ越して間もない頃、雪害で倒れたブナを相手に必死に薪割りをしていると、隣の爺さんがクサビを持ってやってきた。「これを使え」と言う。よほどヒマだったのか、それとも僕の下手さ加減を見て黙っていられなくなったのか。80近い年齢なのに、炭焼きもしていたという爺さんは、斧の扱いがさすがに上手い。そうしてしばらく2人で交代しながら、節だらけのブナと格闘した。きっとあの時爺さんは、薪のある暮らしを懐かしみつつ、そのありがたさを僕に伝えたかったのに違いない。

しかし、薪の確保はなかなか大変だ。自分で山林を持っているわけではないので、定期的に、安定して薪が手に入るというのは難しい。だからどうしても人頼みにならざるを得ない。

SUPER
KID'S

昨年は知り合いの倉庫が雪で潰れたおかげで（？）、大量の丸太材を貰い受けた。つい先日は、家のすぐ先に、「伐採木材 さしあげます」という看板が現れた。さっそく書かれていた連絡先に電話をしてみると、道路工事の都合で伐採された木があるので、自由に好きなだけ持っていっていいということだった。手近に薪が手に入る、こんなチャンスも時にはあるが、大概は人伝に「貰い手のない木」の情報が回ってくる。だから僕が手にする薪は、みんなが嫌う、「薪にしづらい木」ばかり。そんな雑木たちでウチの薪棚は埋まっている。

雪山から帰って来て、森から貰った木で暖を取る。山と暮らしが、森で繋がっているのを感じる。その森は、雨や雪の水を蓄えて、里を潤す森。

だから僕は、森から、火と水を貰って生きている。

雪国飯山は、酒の国

とにかく酒だ。

集会だ、消防だ、祭りだ、道普請だといって、なんだかんだと人が集まれば、とにかく飲まんじゃいられない。なにしろここは羽広山、土地には雪、人間には酒が深く染み込んだ集落だ。みんなが先祖代々受け継いできたDNAには、酒と共に生きる、いや、酒がなければ生きていけない、という情報が組み込まれているに違いない。冬は酒飲むぐらいしか楽しみがない、なんて聞くけれど、降る雪の多さと、飲む酒の量って比例するんだな、なんて思わずにはいられない。

数年前に公民館に中古のビールサーバーが導入されて、冷えた生ビールとサワーを飲めるようになった。なんと贅沢でありがたいこと、と思う。しかしそんな炭酸飲料だけで満足するような輩ではなく、宴が進めばやはり日本酒だ。飲むのは決まって飯山の地酒「北光」。鍋倉山系の水を使って地元戸狩で作られた酒は、新潟のクセのない「淡麗辛口」とは違う、若干の苦味と甘みが混じった存在感を主張する。これを、雪国らしく燗をして飲むのだが、燗の仕方が至って簡単。まずは一升瓶の中身を大きなやかんに丸々注ぎ、火にかける。時折やかんを揺らして酒を混ぜ、底を触って温度を調べる。ちょっと熱いかな、って具合で小さな「金のやかん」に小分けして各テーブルに配る。隣の村の集会場には「自動燗付け機」なるものがあるけ

れど、この村に来て僕が最初に覚えたのが、この「燗の仕方」だったかもしれない。そんな燗の仕方は至極具合がよく、我が家でも小さな「金のやかん」を購入した。それまでは日本酒といえば冷やでしか飲まなかったけれど、最近は「おい、今日は燗にするか」なんて言って、金のやかんを火にかけて、かみさんと燗酒を楽しんでいる。

ひとたび飲み会が始まると、ちっとやそっとじゃ終わらない。ビールをついで、酒をつがれて、農業など仕事の話から村や消防団の運営、しょうもない馬鹿話まで話題は尽きない。

いつも驚かされるのは、どれだけ飲んでも「酒に飲まれる」ことがない、この土地

の人たちの凄さだ。ついでつがれて、相当量飲んでいるはずなのに、決して乱れない。もちろん時には酔い潰れたり、酔って大声を出したりする人もいるけれど、別に大ごとになったりもしない。これまで自分も、いろんな所でいろんな人たちと、いろんな飲み方をしてきたけれど、こんなに終始変わらず気持ちよく、楽しく飲める集団と出会ったことがあっただろうか。みんな酒が強いばかりじゃなく、ほんとに酒が好きなんだな、ってしみじみ思う。

残念ながらそんなＤＮＡを持たない自分は、ちょいちょい「酒に飲まれて」しまう。ひどく酔っ払ったあげく、知らぬ間に、酒の代わりに水だけつがれているのに酔いつぶれてしまったり、11月の冷たい水路に落ちて、全身ずぶ濡れになって泣きながら帰ったり。この歳になってもまだまだみんなの「酒の飲み方」を学ばなければ、と反省するのだった。

雪国飯山は、酒の国でもある。だからこの村の人に限らず、みんな飲むのが大好きだ。学校のＰＴＡや子供のクラブ関係などでも、ことあるごとに飲み会がある。保護者ばかりでなく、時には先生も一緒に飲んで、肩を叩き合って大騒ぎして盛り上がる。小さな街のことなので、飲み屋の数も限られて、二次会ともなれば最後はみんな決まった一軒に集まる。店に入って見回すと、大概見知った顔がいて、そっちのグループに合流したりする。そんなのもいかにもこの土地らしい飲みの場だと思うのだ。

いつも飲み会の終わりは急に来る。なんの前触れもなく、誰かの「おい、そろそろやめようや」なんて一言でバタバタと片付けが始まる。確かに時計を見れば、もう日付が変わっている。

公民館の外の焼却炉でゴミを燃やして、最後にまた馬鹿話を少し。ちょっと名残惜しそうにしながら。そうして、「またねー」なんて言いながら手を振って、やっと家路に着くのだ。

まるで子供みたいに。

森で輝くキノコの季節

あっちへフラフラ、こっちへフラフラ。

森の中に横たわる倒木や枯れ木を見つけては、落ち葉に覆われた秋の森を彷徨い歩く。

ないなあ…。

いい加減歩き回っているのに、なかなか見つからない。だいたい「見つけてやろう」なんて欲ばかり強いのがいけないのかも。だから無欲を装って、何気ないそぶりで倒木の落ち葉をのけてみる。

すると、光り輝く宝石のようなナメコが、食べてくれと言わんばかりに、ブナの朽木を覆っていた。

これだから、秋の森歩きは楽しい。

10月半ばを過ぎて、段々と鍋倉山が色づき始めた頃。美しい山の紅葉はもちろん、おいしい山のキノコに呼ばれて森に入る。だいたい毎年ナメコが出る木は分かっているから、まずはそれを目当てに、なおかつそれ以上の収穫を求めて森を彷徨うのだ。

キノコは判別が難しいし、毒が怖い。でも同一の環境の中で、分かりやすいモノだけを選んで採っていれば、そんなにややこしい相手ではない。だからこの森で採れる、僕が知っているキノコは限られる。ナメコ、ナラタケ、クリタケ、ムキタケ、ヒラタケ、ブナシメジ、ブナハリタケ、チャナメツムタケくらいのも

ので、でもそれだけでも、十分腹も心も満たされる。ついでに似ている毒キノコも合わせて覚えておけば安心だ。すなわち、クリタケとニガクリタケ、ムキタケとツキヨタケ、チャナメツムタケとカキシメジ、という具合に。

しかし子供たちにとっては、おいしいキノコよりも、恐ろしい死亡事故がつきまとう毒キノコのほうが魅力的らしい。中でも「デス・エンジェル」の異名を持つ、ドクツルタケや、シロタマゴテングタケなどはその比類なき残虐的殺戮行為により、子供たちからの絶対的支持を得る、まさにキノコ界のダークヒーロー。

「ねえねえ父ちゃん、あれを食べるとバケツ一杯分の血を吐いて死ぬんでしょ」と

か、「食べると三日三晩苦しみ抜いて死ぬんだよ」とか、一度話して聞かせた恐ろしい話を、いつまでも飽きもせず繰り返す。確かに、なぜ自然界のものが、食べた人の内臓をズタズタにするほどの強い毒性を持つ必要があるのかと疑問を持ちたくなるけれど、子供にとってはこんな存在の方が興味深いらしい。そんなわけで子供たちが覚えるのは、まずは毒キノコから、というわけだ。

僕が最初に1人で判別して採ったキノコはチャナメツムタケだった。地元のツアーに参加した折に、たまたまガイドに教えてもらったのがこれで、以降図鑑で繰り返し眺め、そしてある日、1人歩きの森で見つけた。まず間違いない、と思うものの、やっぱり不安。それでも家に持ち帰り、意を決して1人で食べた。その時のなんとも言えない不安な気持ちは今でもよく覚えているけれど、同時に、初めて一つのキノコを「物にできた」嬉しさも忘れられない。

ついでに言えばもう一つ。やはりこのチャナメツムタケを採って来て、いつもお世話になっている隣のばあちゃんに初めてあげた時の緊張も忘れられない。夜中に救急車が来たらどうしよう。朝になってもばあちゃんが起きてこなかったらどうしよう。そんな馬鹿馬鹿しい不安を抱きつつ、翌朝元気なばあちゃんの姿を見たときは、やっぱりほっとしたものだった。

そんなふうにして、自分で採って、食べて、時には人にあげて、わずかな種類ながらも「自分のキノコ」を増やしてきた。初めて食べるキノコはいつでもおっかなびっくりで、なんとも不安な気持ちにさせられるのも相変わらずだけれど、自然のモノを採って食べる楽しさは格別だ。

見上げれば眩いブナの紅葉。足元には宝石のように輝くキノコ。

森が、その隅々まで光輝く季節がやってきた。

紅葉の匂い

秋の森を歩いていると、不思議な匂いがすることがある。
カツラの落ち葉のような甘い香りではなく。
銀杏のような、ああいうキツめの匂いでもなく。
かすかに刺激的で、渋いというか、ヤブっぽいというか、なんというか……。

その場にいた同行者に意見を聞くと、「ケモノの匂い」だと言われたことがあるけれど、アノ手の匂いとは明らかに違う、何か別の匂い。それは同じ森を歩いていても、他の季節には決して嗅いだことのない匂いなのだ。僕はひそかにそれを、「紅葉の匂い」と呼んでいる。

集落周辺の稲刈りが終わった10月中旬、関田山脈に彩りの波がやってくる。ブナの森を覆うのは「黄葉」だ。だから黄葉の盛りに森に入ると、ウルシやモミジなどの「紅葉」を圧倒する黄色い世界に包まれる。もちろんそれはそれで美しいけれど、ブナの森がさらなる彩りを見せるのはもう少し季節が進んで、ブナの葉が枯れ始めて赤茶けてきた頃だ。樹冠の赤茶、白いブナの幹、下草の黄色が揃うと、美しい「三段染」になる。

この時期に森を歩くのは楽しい。それは美しい黄葉があるから、だけではなく、おいしいキノコの季節で

もあるからだ。むしろキノコついでに黄葉を楽しむ、というべきかもしれないけれど。
秋の森は圧倒的な彩りに囲まれることが大きな魅力だけれど、足下や目線の高さにある葉っぱを観察するのも僕は好きだ。そこには「黄葉」や「紅葉」の一言では語り尽くせない、あたかも宇宙のような広がりが存在する。

ヤマウルシの葉っぱ、オオカメノキの葉っぱを見つけた。見ると、葉っぱの色味が一様ではない。葉脈に沿って赤かったり、黄色かったり。部分的に紫とか緑とか、一つとして同じ葉っぱは存在しない。今まさに「紅葉」というプロジェクトが進んでいる、そんな過程を見ることが出来る。小さな葉っぱの中で、それぞれが一つの宇宙を成しているかのようで、見るたびに発見がある。自然が冬へ向けて行う準備の過程が、かくも変化に富み、美しく移り変わっていくものかと驚かされる。

足下に見つけたのはホウノキの落ち葉だ。葉本体はすでに朽ち、複雑な葉脈のみが、もとあった朴葉の姿を形作っている。毛細血管のような、迷路のような、葉脈。それは葉を、木を生かすための生命の地図に他ならない。不思議な紋様のような地図に見入っていると、深い森の中にいて、深く葉っぱの中を彷徨っているかのような、不思議な気持ちがしてくるのだった。

そんなふうに森で遊んだ帰り道。太いブナが並ぶ森から、ヤブを漕ぎながらかすかな踏み跡をたどって行くと、またあの匂いがするのに気づいた。「紅葉の匂い」だ。今度こそ正体を突き止めようと周辺を嗅ぎ回るものの、やはり匂いの出どころを特定できない。葉っぱや幹、ヤブの隙間、地面、一体何が発する匂いなのか、どうしても分からない。

いや、だからきっとやはり、秋の葉っぱが、紅葉の森が発する匂いだと思うのだ。

冬を前にやってくる、招かれざる客

「今朝、トイレであいつを見たよ」

ある日突然、怯えたように、かみさんが言う。

「うん、俺も。洗面所にも１匹いるのを見た」と答える。

周囲の山々は美しい紅葉に彩られ、あれだけ猛威を奮っていた雑草が勢いをなくし、北アルプスの高峰からは初冠雪の便りが届く、そんなころ。

「ああ、いよいよアイツらの季節がやって来たね…。なんて恐ろしい…」

また今年も、あの冬の使者がやってくる。山間の平和なこの村を、恐怖と不快のどん底に叩き落とす、招かれざるモノたち。昆虫の姿に身を宿し、あらゆる隙間から家屋へと侵入し、不快な悪臭を放って生きとし生けるものたちを絶望へと導く悪の化身ども…！

人々はそれを、屁くさ虫（カメムシ）と呼ぶ。


その姿は日に日に数を増して行く。初めの頃は少し大きめのクサギカメムシが。やがて小さなスコットカメムシとテントウムシが加わると、いよいよ本格的なシーズン到来だ。晩秋の日差しが暖かい日となれば、多量のカメムシが飛び交い、越冬場所を求めて家屋への侵入を開始する。

窓が、壁が、何十匹ともしれない虫たちに覆われる。洗濯物も、車も、犬もムシだらけ。

そもそも樹皮の隙間などで越冬するらしいが、やはり家屋も快適な寝ぐらのようだ。窓を閉めていても関係ない。サッシの隙間や、板壁の間から、容赦なく次々と侵入してくる。

晩秋の麗かな日差しの下、美しい紅葉の山々を望む窓は忙しげに動き回る多量のムシたちに占領され、景色を眺めるどころか、むしろ目を背けたい感じ。


しかし、本当に不快なのはこれからだ。

越冬地を求めて入って来たはずなのに、家の中の暖かさに活気づき、冬眠どころか覚醒する。

特に薪ストーブを焚く部屋は、冬の間中毎晩、多量のムシたちの大乱舞会場になる。しかも、なんの前触れもなく飛ぶのをやめて、食卓に落ちてくるからたまらない。勝手に落ちてきて何が不満か知らないけれど、とにかく臭い屁をこく。味噌汁も、おかずも、コーヒーも、カメムシ臭にやられて台無しだ。おいおい、焼酎のグラスの縁を行くときは特に注意して！ほら、酔っ払いじゃないんだから足元しっかり！って言っているのに落ちちゃった…。


ヤツらは持ち物にも侵入する。打ち合わせに向かう新幹線で、東京で乗り換えた山手線で、明らかに自分が連れてきたであろうカメムシが、車両内を闊歩している姿を見ることがある。高校の修学旅行で沖縄に

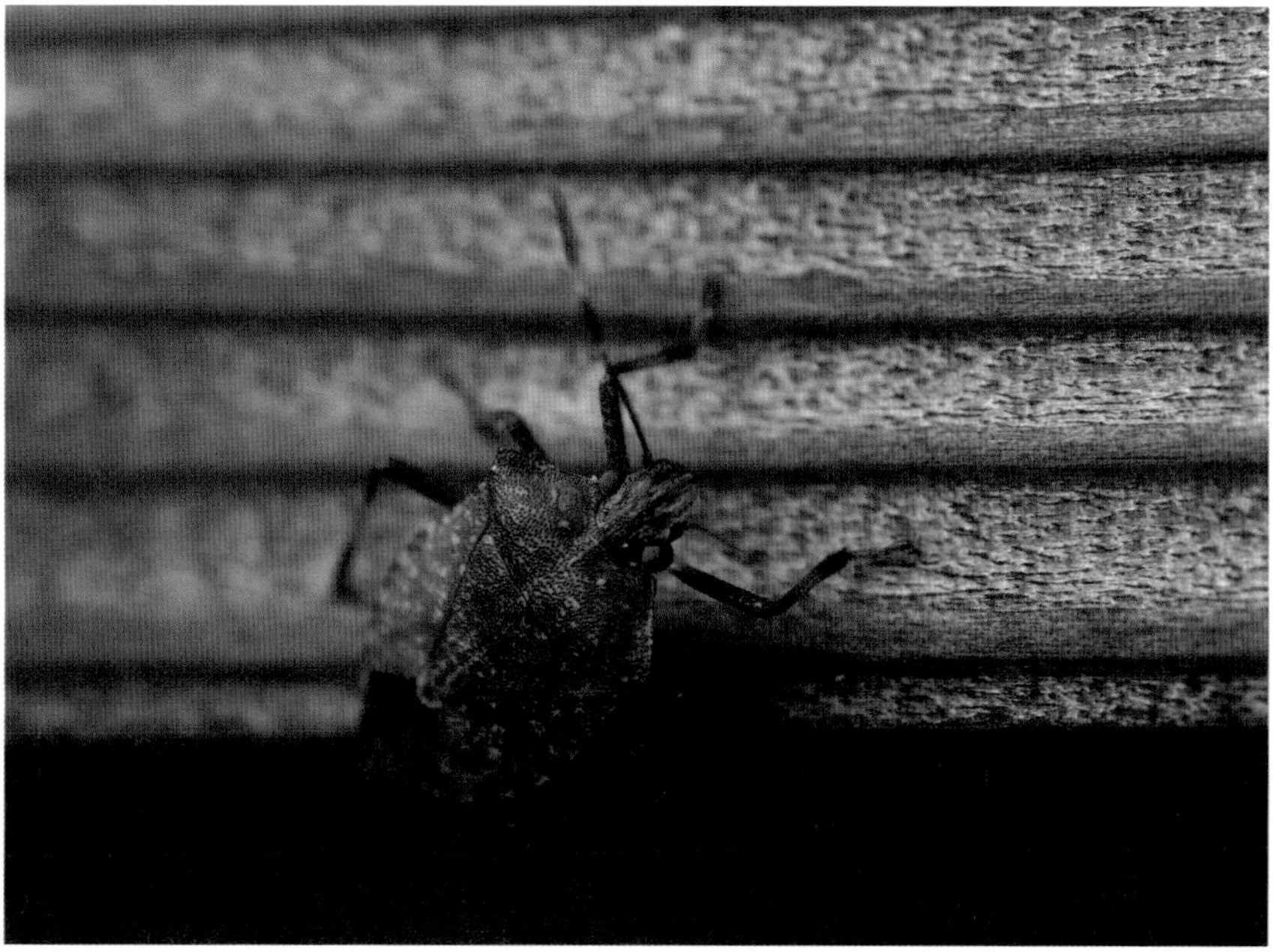

行った長男の荷物からも、やはりヤツらは現れたという。

しかし中には運のない可哀想な連中もいる。テントなど僕の山道具の中に潜りこみ、ぬくい春を待っていたはずなのに、目覚めたそこは寒い雪の山。哀れ、二度と来ぬ春を夢見ながら、雪山の餌食となって消えていく…。

もちろん家屋は彼らの越冬地だから、春になったらぞろぞろと出ていく。礼も言わずに屁をこいて。

5月初旬になると秋同様に、家の窓もカーテンもまたもやカメムシだらけとなり、悪臭漂う民族大移動が始まる。びっくりするのは朝の窓際の廊下だ。何十匹ものカメムシがざらざらと転がっている。寒くて死んだのかと思ったら、日中の陽気で覚醒し、ぞろぞろ、ざわざわと動き出した。移住してきた最初の春、面倒なので全部掃除機で吸ったら悪臭の逆噴射が巻き起こり、以降、ほうきで外に掃き出すようにしている。

我が家に侵入してくるのは、カメムシやテントウムシだけではない。春が進むにつれてカマドウマ（便所コオロギ）が大量発生し、これもかなり気持ちが悪い。気温が上がるにつれてハエ、アブの季節となり、やがてハチが現れる。例年キイロスズメバチなど小型のスズメバチが入ってくるので強力な殺虫スプレーで対処しているが、年によっては家の敷地内の巣を除去しなくてはならず、これにはなかなか苦労させられている。

気づけば1年中ムシに取り囲まれて暮らしているわけで、明らかにムシの種類で季節の移り変わりが分かる。これを風流なんていうほど僕はムシ好きではないけれど、とにかくこれもまた、都会暮らしにはない「山村らしさ」であることに違いない。

「冬の匂い」に急かされる、冬支度の季節

秋の深まりは、集落の周辺から溢れてくる「匂い」とともに進んでいく。

刈り入れの終わった田んぼから漂う稲の匂い。モミ殻を燻す匂い。どこかで畑を焼く野焼きの匂い。

それらは人の営みが、盛んな収穫の季節を終えて、いよいよ片付けや冬の準備へと移り変わっていく姿を想像させる、そんな「匂い」だ。

だからこんな匂いを嗅ぐたびに、冬の到来と、それを迎えるためにすべき準備の慌ただしさが思い出されてくるのだった。

以前にも書いたけれど、とにかく秋は忙しい。乾していた薪を母屋と倉庫に運びいれ、雪溶かし用の水路の草刈りと点検、家屋の雪囲い、車庫に入っているトラクターを倉庫に移して、除雪機のご機嫌を伺い、あ、車のタイヤ交換がまだ終わっていないぞ…！

かつてお世話になった穂高岳山荘の故宮田八郎が、「春に出した道具を秋にはまたしまって、山小屋の仕事は1年中片付けばかりしているみたいなもんだ」なんて言っていたけれど、まったくもって雪国の暮らしもおんなじだ。春になって雪仕事の道具をしまって、代わりに畑の道具を出してきて、秋にはまた…。それ

は「衣替え」、なんて気楽なものではなく、もっと大袈裟な感じ。なにしろ家屋を板で囲ったり水路に水を流したりして、家のシステムを「雪仕様」に変えてしまわなければならないわけで、それはなかなか大変なことだ。

「あれ、板が足りないぞ」

窓枠を板で囲っていると、どうしても枚数が足りないことがある。春の撤収時にいい加減な管理をしているから、どうやら何かの板材代わりに使ってしまったのか、薪代わりに燃やしてしまったのか。気をつけないとそのうち家の壁だって薪にしかねないな、なんて呟きながら、倉庫から適当な板を探してくる。

いわゆる「雪囲い」をして屋根からの落雪や、降り積もった雪から家屋を守るわけだけれど、「囲う」のは建物ばかりではない。大事な庭木も板で囲わなければ雪の重さで折れたり曲がったりして、無様な庭になってしまう。神社の狛犬や灯篭だって雪で壊されないように囲ってしまう。

だからこの時期になると各家庭はもちろん、公園や道路などの公共の場の樹木はみんな丁寧に板で囲われて、見事な「雪仕様」に変わっている。そういえば小学校のPTA作業にも敷地内の雪囲いがあって、他のお父さん方と脚立に登って、あーだこーだといいながら樹木の雪囲いをしたものだった。恥ずかしい話だけれど我が家の「庭」は岩の点在する庭園風？を装ってはいるものの、積年の不精がたたって庭木は折れ曲がり、豪雪地帯の山の木の様相を呈している。

天気予報に雪マークが現れ出すと、冬支度に向けてなおいっそう拍車がかかる。あとはなんだ、トラクターと除雪機を入れ替えて車庫を空けて、それと車3台分のタイヤ交換か。いや、とにかく急な降雪に備えて1台分だけは先にタイヤを換えておこう。作業も大詰めになってくると仕事の優先順位が大切になってくる。去年は終盤になってから通路部分の窪地を埋める作業を思いつき、慌ててコンクリートをこね始めたものの、冷たい雨が降り出して、結局まともに固まらないまま根雪の下に埋れてしまった。

そんなこんなでドタバタと冬支度を進めるものだから、いっそのこと早く全部雪に埋れてしまえばいい、なんて思ったりもする。そうすれば、あとはただ除雪を繰り返すのみ。その方がこの片付け仕事より楽に違いない、なんて。

凜と冷え切った11月の朝。

千曲川を覆う雲海の上に広がる、澄み切った冷たい大気からは、人の営みとは違う「匂い」が漂ってくる。それは雪の存在を感じさせる、間近に迫った「冬の匂い」に他ならない。

何もない森

紅葉が散って、丸裸の木々が幾重にも重なっている。

立ち並ぶブナの幹はこれからやってくる雪の白さを思わせて、よりいっそう白く、そして寒く感じさせる。葉が落ちれば晩秋なのか、初雪の頃を初冬というのか。秋でもなく、冬でもなく。紅葉も、雪もなく。季節の終わりと始まりの挾間にあるそんな森では、ただただひっそりと、ブナの木々が立ち並んでいた。

すでに冬季通行止めになった県道を歩いて森に向かった。多量の落ち葉に覆われた山道は、ふわふわとして柔らかく、水流に洗われて硬い土が剥き出しになっていた夏の頃とはだいぶ違う。葉っぱの落ち切った森はスカスカで明るく、それでいて覆いを取り払われたかのようでどこか心許ない。冷たい雨や風から、やさしく包み込むようにして覆ってくれていた頃の森とは、やはりだいぶ雰囲気が違う。そのせいか、冬支度を終えた木々の姿はどこかよそよそしい。冬を前に、もうみんな眠ってしまったのだろうか。

ふと足元の落ち葉に、雪のカケラを見つけた。

昨晩の冷たい雨は、山の中では雪だったのだろう。

落ち葉に抱かれるかのような、小さな雪の名残。それは秋と冬の小さなせめぎ合いの痕跡だ。

いったい、こんな季節をなんと呼んだらいいのだろう。

いったい、こんな森をなんと呼んだらいいのだろう。

新緑に眩い春の森。もりもりと力強い樹相をなす夏の森。錦繍に彩られた秋の森。そして冬は、雪に覆われた白い森。季節ごとの森の姿が思い浮かぶけれど、今この森で、季節も森も、表す言葉が見つからない。

何もない森。季節の狭間にある森。


小さな沢をいくつも渡り、立ち並ぶブナの間を縫うようにしていつもの泊まり場へ向かった。

どこからともなく漂い出した霧が、テントを張り終える頃には冷たい風の流れとなって、森の中を駆け巡り始めた。霧が流れる「何もない森」は、よそよそしい白い巨人たちが見え隠れしてなんとも寒々しく、不気味ですらある。

やがて、冷たい風に乗って白いカタマリが落ちてきた。

雪。強く、弱く。風の勢いに乗って。時に吹雪に、時にひらひらと舞うように。

それはまさにせめぎ合う季節の姿。視界が雪に閉ざされる。すぐまた森の奥行が現れる。

僕は今、季節の境界に立って、「何もない森」が、見る見る雪に覆われていく姿を眺めている。


翌朝、昨晩は少し冬が優勢だったのか、森はすっかり雪化粧に変わっていた。

ブナの幹に付着する吹雪の痕跡。枯れたヤマアジサイに咲く雪の花。笹原を重く覆う湿った雪。小沢はまだ雪に埋まることなく、細々と、白い森の奥から続いている。

昨日までのよそよそしかった「何もない森」からは、木々たちの囁きが聞こえてきた。
はじまったね。いよいよだね。やれやれ、まいったね。
それは僕が、冬を前にした里人の心情を、この森に重ね合わせてしまった声なのだろう。でも森のブナたちも、期待と覚悟を持ってこの季節を生きているに違いないと思うのだ。
何もない森。そこには、じっと生命力を溜め込んだ木々たちの、静かな、力強い息遣いが満ちていた。

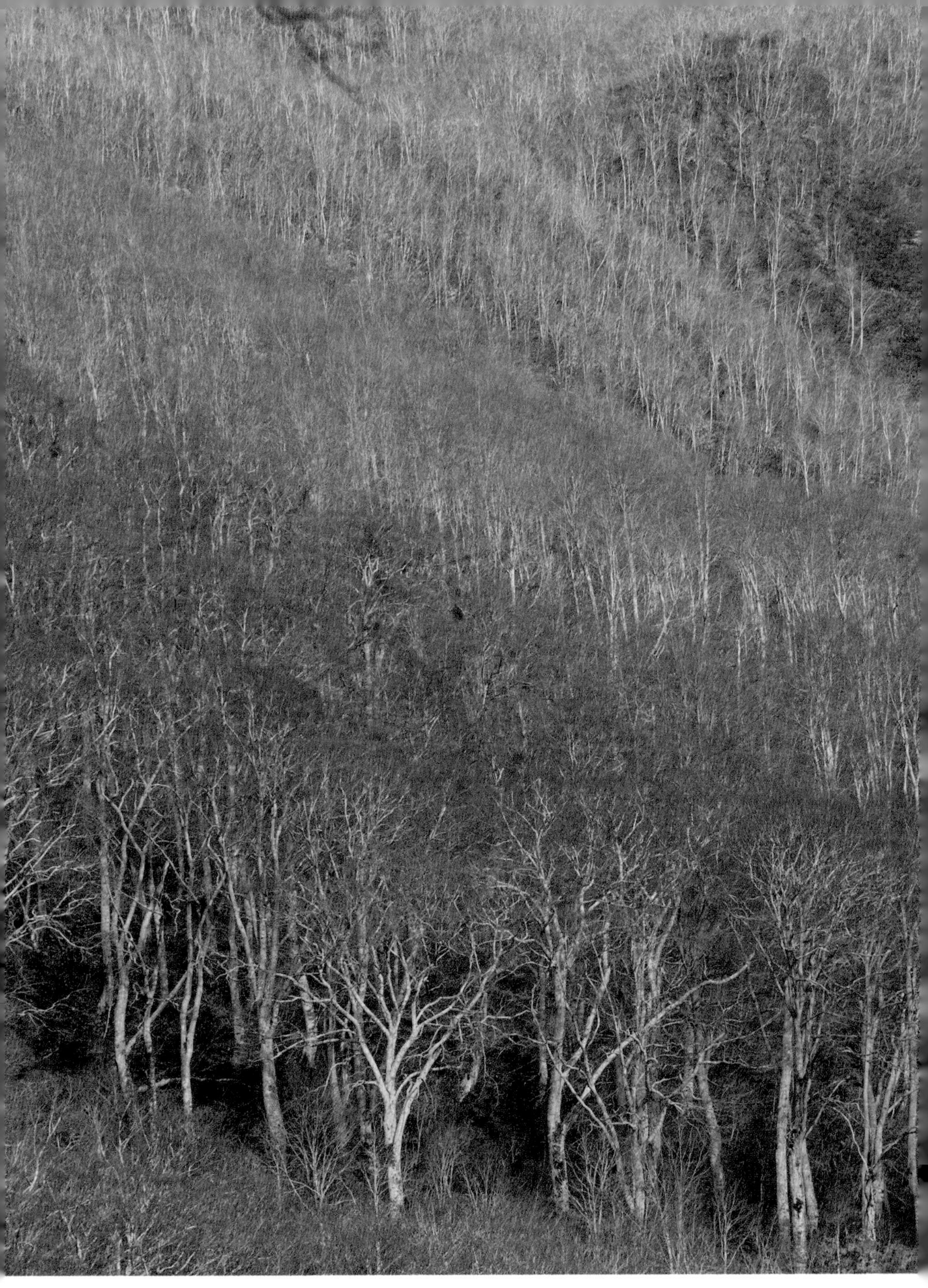

column 03

田舎に暮らす。人と暮らす。

田舎は人間関係が濃い、とよく言われる。たしかに。都会で暮らしていたころは、ご近所さんと挨拶を交わすことはあっても、会議だ、行事だ、共同作業だ、なんていって集まることはなかったし、まして一緒に酒を飲むなんてことは考えようもないことだった。もっとも田舎とひとことで言っても、コミュニティーのない山の中での自給自足生活とか、山間の別荘地への移住とかとなると、ちょっと事情は違うかも。「人間関係が濃い田舎」とは、「土地に根付いた暮らしのある田舎」の場合が多いと思う。

そんな「人間関係が濃い田舎」の典型が我が羽広山集落だ。村の役員人事や行事、共同作業、消防団、祭礼など、それらは当然のことながら「濃い人間関係」がなければ成り立たない。当然自分のような移住者も容赦なく役員や行事に取り込まれ、すでに逃げ出す余地もない。なんだかんだと会議だといっては集まって酒飲んで。行事だ、作業だ、といっては酒を飲む。この村は専業農家の占める割合が多いので、共通の話題や情報交換、場合によっては手伝いなどもして、他の集落よりもさらに濃い人間関係が作られているような気がする。

集落によっては、移住者の扱いに困ってお客さん扱いにされているとか、移住者自身がコミュニティーを嫌って役員や行事に関わらない、という話を耳にすることもあるけれど、「濃い人間関係」が田舎暮らしの大切な骨格であることを忘れてはならない。「郷に入っては郷に従え」、とはよく言ったもので、なにはともあれ与えられた役をこなし、積極的に行事に参加して初めて、「真の移住生活」と言えるのではないだろうか。

今更言うまでもないが、そんな人間関係を取り持つのが「酒」なわけであり、人と酒が切っても切れない関係にあるというのも、やはり田舎のいいところ?なんだな。

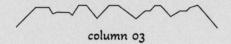

column 04

加藤則芳氏と信越トレイル。

長野県と新潟県にまたがる信越トレイルは、2005年の運用開始以来延伸を重ね、2021年には、斑尾山から苗場山へと続く全長110kmものロングトレイルとして整備された。関田山脈と苗場山麓、その山沿いの里や森に抱かれた、暮らしや自然、歴史や文化などといった多様な要素が、このトレイル最大の魅力である。

僕の住む村の、すぐ裏手に伸びるこのトレイルは、日本で最初に整備された本格的なロングトレイルとして知られる。その開拓の立役者となったのが、作家で、バックパッカーでもあった故加藤則芳氏である。北米のロングトレイルを自ら歩き、日本に紹介し続けた加藤氏は、信越の県境に連なる関田山脈上にトレイルを拓くことを提唱し、さらにその想いは、氏が病気で亡くなった後に、苗場山まで続くロングトレイルという形で結実した。

1週間から10日かけて一気に歩くスルーハイクに挑戦するもよし、1セクションずつ、季節を跨いでたどり繋げるのもよい。山中ではテント泊も可能だし、山麓の民宿で、土地の人との交流を深めるのも味わい深い。

実は僕と加藤氏との出会いは、2001年、2人で取材をしたアメリカのハイシエラ・トレイルに遡る。その後加藤氏と再会したのが、翌冬の飯山でのこと。以降僕にとって、加藤氏と飯山と、信越トレイルは切っても切れない存在となった。今僕がここに暮らすことになった「縁」の一つが、この三者の存在と言えるだろう。

信越トレイルを歩くなら初夏の頃がよい。特にブナ林をたどる関田山脈北部は、梅雨の霧に包まれて歩くのが、なんともしっくりくる。いや、やはり光輝く秋がよいかもしれない。秋晴れの、澄んだ光を受けて輝く錦繍のブナ林。ときには恵みのキノコが…。

苗場山の頂上湿原から、信濃川・千曲川の谷筋を越えた対岸に、たおやかに連なる山稜を眺める。その風景こそ、加藤則芳氏が眺め憧れた、信越トレイルに他ならない。

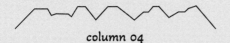

冬

根雪になる頃

鉛色の雲が関田山脈を越えて行く。

雲の下は不気味な闇に沈んで、その様は、いかにも冬の到来を思わせる。

まるで、日本海から押し寄せる寒気の姿が目に見えるよう。

やがて雷。アラレ。叩きつけるような冷たい雨。そして雪。また雷。

そんな雷を伴う初冬の嵐を、雪国では「鰤起こし」や「雪起こし」という。

冬の到来を告げる嵐は、荒れた日本海が、ブリやタラを漁に引き寄せる恵みの嵐でもあるのだ。


「鍋倉山が3回白くなると里に雪が来る」

根雪の訪れを、地元ではそんな言い方をする。

11月になると、鍋倉山や、対岸の毛無山に雪が降る。時には家の周辺もすっかり雪景色になる日もあり、まだ終わらぬ冬支度にプレッシャーがかかる。

それでも晩秋の日差しが出れば里はもちろん、山に積もった雪もぐっと減り、そんな秋と冬のせめぎ合いが、本格的な冬を前に幾度も繰り返されるのだ。

この時期、みんないろんな方法で今年の雪を占う。

カマキリの卵が高い位置にあるから雪が多い、とか。

例年に比べてカメムシが多いから豪雪だ、とか。

毎年越冬のために家屋に侵入してくるカメムシは、冬を前にした雪国山間部の風物詩。晩秋の公民館で酒を飲みながら、今年はカメムシが多いとか少ないとか、だから雪が多いとか少ないとか、気まぐれな議論が毎年繰り返される。科学的根拠はないけれど、何かにつけて雪の多寡に結びつけてしまうのが、やはり冬を前にした雪国人の心情である。

雪が少ないほど生活は楽だけれど、スキー場や除雪の仕事が立ち行かなくなる。農業用の水だって心配。だから「雪とともにある暮らし」は、不安と覚悟、それに期待が混ぜ合わさって、なんとも不思議な感情が生まれる。雪国にとって雪は、多すぎても少なすぎても困るのだ。

時々、「今年は上手に降って欲しい」とか「去年の冬は下手な降り方をしたね」という言い方をするのを聞く。冬に上手とか下手とかってあるのかな、って思うけれど、なんだか季節に人情味を感じて面白い。「上手」というのは、雪仕事が落ち着いて出来るような間隔で適宜積雪が増えること。「下手」というのは、何日間も降り続けたり、かと思えば全然降らなくなったり。

「上手な夏」なんていうのは聞いたことがないから、やはり冬は特別なんだと感じる。

冬のことなどを話題にして人と話しているときに、「なんだか今年は雪が降らなさそうだね」なんてちょっと軽口を叩いてしまうことがある。すると急に小声になって、

「あんまりこんなこと言っちゃうと、ほらまたドカって降っちゃうかもしれないからね」

なんて慌てて言い直し、チラッと背後を伺ってみたりする。少し怯えたように、ヒソヒソ声で。まさか山の神様や、雪の神様を信じているわけでもないだろうに、聞かれてはいけない「誰か」を意識して、「言ってはならないことを言ってしまった」的な表情を浮かべるのだ。そんな仕草も、雪国人の、自然との関わり方の一端を見たようでおもしろい。

かつてマタギや山仕事をする人たちは、山や自然を愚弄することを厳格に禁じていたという。それは、得体の知れぬ「自然の力」への畏怖、畏敬の念を絶えず抱いていたからに違いない。自然の「恐るべき力」を意識して、恐れ、だから敬う。そんな、自然とともに暮らしていた時代の片鱗を、この雪国では少なからず感じることがある。自然の存在や力が、すぐ身近にあることを意識させられるのだ。

それはきっと、この土地に、雪が降るからに違いない。

雪国の火祭り

11月下旬、飯山市内のあちこちに、謎のカタマリが出現する。刈り入れの終わった田んぼに鎮座する、大小二つのカヤの山。どうやら集落ごとにあるみたい。晩秋の澄んだ空気の中で、不思議な存在感を放っている。はて、いったいこれは何だろう？

道祖神、どんど焼き、左義長、サイノカミ。

日本全国で、小正月（1月15日前後）に行われる火祭りの呼び名である。それぞれの地域で内容に多少の違いはあるものの、その年に使った正月飾りや書き初めなどを燃やして無病息災を祈る。ここ北信地方では、国の重要無形文化財にも指定されている野沢温泉村の道祖神祭りが有名だ。

飯山市内では夏の祭礼同様に、集落ごとに道祖神（道陸神《どうろくじん》とも言う）祭りが行われている。規模は野沢の道祖神祭りに遠く及ばないけれど、各集落で行う大事な「手作り」の行事である。

ほとんどの集落では雪の降る前にカヤの道祖神を作り、当日は周囲の雪を除けて点火する。晩秋の頃に市内あちこちに出現する不思議なカヤ山の正体がこれだ。

1月半ばの厳寒時にカヤを積む作業をするよりも、根雪が来る前にしておく方が作業も楽だし効率もいいに違いない。当然ここ羽広山集落でもそうするものと思っていたら、季節が進んでも作業をする気配がない。不思議に思って尋ねると、「そりゃそんなことすりゃ、祭りの頃には雪の下に埋まってら」と笑われた。そう、ここは年明け頃には2メートルもの積雪に覆われる村だった。

11月、道祖神の骨組みを求めて、裏のブナ林に入って木を切る。あまり太くなく、まっすぐで、長さがそこそこのブナを探すのが難しい。毎年木を切り出すから車道に近い所から良木がなくなり、年々林の奥へと入って行かざるを得なくなる。道祖神は大小2体、3〜4本ずつの骨組みと、足場代わりにする横木が必要になるので、都合10本ほどのブナを切り出さなければならない。

切った木は村の公民館の倉庫へ運び、1月の祭り当日までしまっておく。さらに集落の各戸にカヤ10束の供出が求められ、これも各自で倉庫へと運んでおく。

祭り当日。天気に恵まれれば幸い、吹雪が当たり前、という時期。

まずは村のブルドーザー2台を使って会場を作る。さすがの豪雪も、強力な重機と腕のいいオペレーターにかかると、みるみるうちに広く踏み固められていく。そこに秋に切ったブナで道祖神の骨組みを作り、周りをカヤで覆う。雪降る中での手作業は、のんびりとした馬鹿話とともに進むので、辛さや悲壮感などは微塵もない。冬山登山の現場でも、こんなゆとりが必要なんだな、と考えさせられる。縄と番線でカヤを固定して、仕上げに誰かが持ってきたダルマを道祖神のテッペンに乗っければ作業はほぼ終了。あとは各自の正月飾りなどを持ち寄って、午後からの点火を待つばかりだ。

言実行

大きい道祖神をジジ、小さい方をババ、と呼ぶらしい。まずはババに火がつけられる。その火をカヤの束に移した子供たちが、ジジに火をつけようと向かってくる。それを邪魔する大人たち。そんな子供と大人の攻防戦が道祖神祭りのクライマックスだ。やがてもうもうと煙を上げて燃えだすジジ。御神酒が回った大人たちは、雪玉を投げたり、深雪の中に子供を投げ込んだり、他人の顔に炭を塗ったり、塗られたり。少子高齢化の進む小さな山村だけれど、こんな時は大人の方がよっぽど子供返りして楽しんでいる。下火になったら灰で餅を焼いて、さあ、また飲もうか、となる。

全国で行われる小正月の行事だけれど、やはり雪国の火祭りは感慨深い。雪と火、雪に翻弄される日常。雪と共にある暮らしを共有する隣人たちとの連帯感、そして馬鹿騒ぎ。雪深い鍋倉山山麓の集落で、しんしんと雪降る夜更けになっても、公民館の明かりはいつまでも消えないのだ。

大雪が来る!

「これから翌朝までに予想される降雪量は、いずれも多いところで、大北地域や中野飯山地域で50センチ。屋根からの落雪や吹雪による交通障害などに厳重な注意をしてください」

天気予報が、なにやら恐ろしいことを言っている。

「さらにその後、明日朝から明後日にかけて雪は降り続き、中野飯山地域など北部県境付近を中心に70センチの降雪が見込まれます」

むむ、これは大雪だ。

最近は毎度お馴染みの冬将軍に変わって、JPCZ（日本海寒帯気団収束帯）なる新手のアイドル集団のような強烈な寒気団がやって来るようになったけれど、何が到来しようと冬の豪雪地帯の日常は、多かれ少なかれ毎日雪が降っている。

がしかし、警報級の大雪となると話が違う。ちなみにここ中野飯山地域で大雪警報の出る基準は、12時間降雪の深さが40センチ。それが東京では10センチだというから、その値にだいぶ差がある。これは豪雪地帯に住む人間の忍耐力が問われているわけではなく、行政や個人の雪に対する備えはもちろん、技術、経験、感覚

などの違いによるものだ。

さて、大雪だ。

天気予報を繰り返し確認する。気象情報を何度も調べる。降雪量予測に一喜一憂する。除雪機のガソリンは十分か。車のガソリンも大丈夫か。灯油や薪は?

これから家屋ともども埋め尽くすであろう大雪を想像して身震いする。それは不安だけではない、何か得体の知れない興奮を感じるから。さあ、どう切り抜けてやろうか、と身構える感じ。いや、もっとなんていうか、ワクワクすらしている自分に気づく。遠洋航海に出る船人は、シケを前にしたとき、どんな心境になるのだろう。

冬山登山なら、入山前に強烈な寒波がやって来れば計画を中止するか変更する。入山中であれば早々に撤退するか、大雪に閉じ込められない安全圏まで移動する。あるいは、悪天をやり過ごすべく長期停滞の覚悟を決める、という場合もある。時には判断を誤り、猛吹雪の撤退なんていう失態もやらかしたりしたけれど、太刀打ちできない自然の猛威に捕まる前に、一目散に逃げ出すのが一番だと僕は思っている。

しかしそんな大雪から逃げ出せないのが豪雪地帯に暮らす者の務めだ。

雪は雨と違って静かに降る。文字通り、しんしんと降る。だから静かな夜ほど朝が怖い。朝5時前から除雪に出ると、案の定除雪機はすっかり埋まって小山になっていた。

朝2時間除雪しても、夕方にはまたそれ以上の雪が積もっている。予報では明日もこの雪が続くという。大雪前のワクワクなんてどこ行った?すでに疲労と不安に苛まれ、玄関に置いてあるスキーを見るだけで、雪が想像されて嫌な気分になってくる。

やがて大雪の峠は越えた、なんて天気予報で伝えられるものの、他所が止んでもまだ降り続くのがこの鍋倉山山麓の掟だ。もう雪の持って行き場がない。頼むから、もう雪なんていらないから、なんて天を仰ぎながら情けない弱音を吐くのはこんな時だ。

降雪が一段落して気温が上がりだすと、今度は屋根に降り積もった多量の雪が落ち始める。玄関前も、車庫へと抜ける通路も、まるで雪崩をかぶったかのように埋め尽くされる。とにかくこれを早々に処理しなければならない。ぼやぼやしていれば、また次の大雪がやって来てしまうから。

そんなことの繰り返しで豪雪の日々が過ぎて行く。降雪と、機械で飛ばした雪で家屋周辺は高い壁となり、2月ともなれば「雪の大谷」が随所に出現する。それでも高山と違い、やはりここは人が住むところ。ひとたび日差しが戻れば、その温さのありがたみをしみじみと感じる。そんな太陽の温もりと、美しい雪景色を前にしていると、人間は、自然に生かされている存在なんだな、と実感するのだった。

白い凶暴な森

森はやさしい。

雨や風の日に森を彷徨っていると、やんわりと木々に包まれて安心することがある。悲壮感漂う風雨の稜線歩きとは違う、やさしさ、安心感。森に通うようになってから、僕は雨の日が嫌いではなくなった。

でも、僕は凶暴な森も知っている。

寒気厳しい、風雪の森。みるみる増える積雪と、生命を拒絶する白い嵐。それもまた、この森の魅力である。


5日間の予定で里を後にした。それは今から10年以上も前のこと、僕がこの森に通い初めて5年目になる冬だった。

強い寒気が来ていて、降雪が続く予報が出ていた。とは言え豪雪地帯の厳冬期。風雪こそがこの季節の景色だし、慣れ親しんだ森はホワイトアウトでもたどれる自信があった。

途中、ナラの木に凍りついたヒラタケを見つけた。晩のおかず用にナタで叩き割って落とす。雪まじりの風に乗って、ほのかなキノコの香りが流れていった。

誰もいない。トレースもない。沢の本流に出る手前から、山腹に沿って高度を上げていく。普段は美しい地衣類の衣をまとったブナが、今は雪の鎧に覆われて佇んでいる。枝が折れそうなほどに多量の雪を載せた木。ウロコのような雪形を幹に貼り付けた木。細かい氷雪に覆われて、白く硬く凍てついた木。この森を支配する風雪の姿が手に取るように見えてくる。

なるべく森の奥まで入ってテントを張った。もうひと頑張りで峠に出る辺り。もし万が一にでも日の出が拝めるような天気になったなら、稜線まで出てみるつもりで。

就寝前、夜中に除雪に起きるのが嫌だったので、テントの周辺を広く掘り下げておく。でもしかし、この雪の降り方は、少し尋常じゃないかもしれない。

静かな朝。風の音も、雪の気配もしない。しかし冬は静かな時ほどロクなことがない。案の定、テントが雪に埋もれ、外界から遮断されていた。苦労して外に出て除雪。すでにテントは摺鉢の底だ。朝飯を食べて撮影に出るものの、スキーを履いていても進めない。しばらく森の中をうろつくうちに、さすがに不安になってきた。果たして帰れるだろうか。

もしこのまま降り続ければ、いくら慣れ親しんだ森とは言え、ただでは済まない気がしてくる。「豪雪地帯」という言葉が、急に恐怖となって自分にのしかかってきた。

学生時代、初めての冬合宿の後立山で、強い西高東低に掴まって停滞を重ねた。夜中に交代で除雪に出るたびに、しんしんと降り続ける雪を見て、山の怖さを初めて感じた。これはちゃんとやらなければ死ぬぞ、と

思った。
食糧も燃料も十分にあるものの、下山を決めた。撮影に出ていたほんの1、2時間のうちにテントは埋まり、いよいよこれはヤバいと焦りだす。
スキーを履いても股まで埋まり、下りでも一向に進めない。諦めて空荷で一度トレースを付けてから再び荷物を取りに登り返すが、ザックが埋まって見つからない。ボヤボヤしているとトレースも埋まってしまう。普段ならスキーで30分もあれば下ってしまう距離なのに、時間ばかりが過ぎて、いつまでも森から出られない。

豪雪の、白い、凶暴な森。

森を抜け出して広大な雪原に出たところ

で日没になった。アリ地獄のような雪を踏み固めることができず、強引にテントを張って寝た。
翌日、ほとんど撮影も出来ず、ただ疲労して、逃げるようにして里に下りた。でもこんな「凶暴な森」に出会えたこと、それがこの時の最大の収穫だった。生命を拒絶するかのような厳しい冬の森。しかしそこは、厳しい環境に生きるものたちの、逞しい生の力みなぎる場所に違いない。

雪とともにある生活。冬の送迎

神奈川県からこの山村に移住してきてつくづく思うのは、子供たちの送迎が、ほんとに大変だってこと。飯山線の戸狩野沢温泉駅まで家から約7キロ、その周辺に小中学校があるこの立地。小中学校へは原則路線バスで登下校するけれど、遊びに行くにしても、クラブ活動にしても、なにかと親が面倒を見なければ子供の移動がままならない。

サッカーに、スキー、陸上部の大会。今日は塾の日、これから友達の家に行ってくる、と言われて、「いってらっしゃい。気をつけて」ですまされないのが田舎暮らし。大会だ、練習試合だ、となれば北信地域を駆けずり回り、長野市内の高校へ通う次男に至っては、7時前に家を出て、帰りは21時半に駅までお迎え、なんてことも珍しくない。

送迎のための走行距離だけでも1日50キロ、へたをすれば100キロを軽く超えることも珍しくなく、可能な限り効率よい送迎を試みるために、毎朝、各自の予定を確認するブリーフィングが行われるのが我が家の慣習になっている。

いくら山間の集落とはいえ、かつてはみんな徒歩や自転車で学校へ通っていたと聞く。

集落から標高差２００メートルあまりの山道を千曲川べりまで下って小学校へ、そこから飯山線で中学校へ。帰りはもちろん家まで山登りだ。さすがに冬は雪道の登下校が困難となり、低学年は各村内に置かれた冬季分校へ、高学年や中学生は下の集落で親戚の家に寄宿するなどしていたという。

高校生になると毎日、片道15〜20キロの道のりを自転車通学。なかには野球部の朝練、夕練をこなし、毎晩暗い山道を帰る学生もいた。時には寝ぼけて自転車ごと水田に落ちたとか、帰ってこないので探しに出たら田んぼの畔で寝ていたとか、そんな話を酒の席で繰り返し聞かされている。

しかし冬は、親にとって子供の送迎が、単に面倒を超えて困難、時には危険にすらなる季節。それも大雪の日の夕刻となると、子供の送迎と言っても、なかなか覚悟のいる事態になることがある。一冬に何度かある「出歩いちゃいけない日」。夕方に道路の除雪が終わり、それにもかかわらず警報級の雪が降り続くような夜間がそれだ。

この地方には「一里一尺」という言葉があって、北へ一里（約4キロ）進むと一尺（約30センチ）雪が増える、と言われている。なので、飯山方面から戸狩の民宿街を過ぎ、県道が山裾の集落をたどるようになると、その言葉通り、積雪がみるみる増加する。さらに温井の集落で県道と別れて「みゆきのライン」へと入ると、そこから先は雪荒野。先行車のか細いわだちを頼りにたどる雪道は、吹雪と自分の車が巻き上げる雪煙で前が見えない。すでに車の高さを超えた雪壁と吹き溜りの見分けがつかず、いまにも雪山に突っ込んでしまいそうで不安だ。

そんなわけで、冬の朝のブリーフィング時には天気予報の確認が重要だ。場合によってはクラブ活動の終了時間を早めに切り上げるように指示が出される。それでもひとたび本気を出すと容赦のないこの土地のドカ雪は、あっという間に積雪が増加する。つい先日も19時に戸狩駅までのお迎えだし、とたかを括っていたら、自分が家を出て行くのですら困難、果たして帰って来られるのか、という目にあった。以前、東京へ出張したかみさんが、このドカ雪に捕まってウチまで帰れず、知り合いの民宿に泊まったことが2度ほどある。

そんな土地なのに毎日子供たちは学校へ通い、大人は働きに出る。大雪の日には早朝3時から道路の除雪が始まり、7時にはきれいに磨き上げられた車道が延々と現れ

る。みんな勤めに出る前に自宅の除雪を終え、帰宅すればまた除雪だ。当たり前のように降る雪と、当たり前の日常生活が繰り返されるこの土地で、雪を恵みとも、時には災害とも受け入れながら過ごす冬の日々が続く。そんな暮らしこそ、僕が雪山放浪の末にたどりついた得難い時間である。

雪国の子はスキーを履いて生まれてくる

土地柄、スキーが盛んだ。

親戚筋にオリンピアンがいる知り合いとか、娘の同級生の親父さんが全日本のコーチだとか、小学校の先生が国体選手だとか、まあとにかく、なんかすごい。

特に身近なのがクロスカントリー。それも、ウロコのついたアウトドアなやつじゃなくて、競技場でやるガチ、アスリートなやつ。

冬になると小学校の校庭にコースが作られ（スキー場払い下げの圧雪車でコースを作る先生もすごい！）、朝からみんながグルグル滑っている。板を履いたまま鬼ごっこをしたり、ちょっとした丘からジャンプをしたり、よくもまあ、エッジもないあんなに細い板で自由自在に、と感心する。学校にはワクシングができる「スキー室」なるものがあったり、校舎の外壁に沿ってずらりと子供たちの板が立てかけられていたりして、とにかく学校の日常にスキーが欠かせないのは一目瞭然だ。南極点に初到達したノルウェーの探検家・アムンセンの本に「自分たちはスキーを履いて生まれてきた民族」なんて書いてあったけれど、飯山の子供達もそれに負けず劣らず、という感じ。

冬の体育の授業ももちろんクロカンだし、高学年になると全員参加のスキー大会まである。小学5年生で当地に引っ越してきた我が次男が、わずかひと月足らずの練習期間で大会本番を迎え、それでも見事3キロのコースを完走した時はほんとに感動して涙が出たものだった。ウチの近隣では、かつては地区をあげてのクロカン大会もあったと聞くし、市のクロスカントリー競技場は一般開放もされていて、道具のレンタルも含めて無料で利用できる。冬の田畑や自然の起伏を利用して出来るので、雪さえあれば、ほんとに気軽に出来るウインタースポーツという印象だ。

そんな土地で、娘が3年生から小学校のクロスカントリースキークラブに入った。週2回のナイター練習と、ほぼ毎週のように大会を転戦する冬の日々。

大会に行ってまず驚いたのは、各チームの「会場作り」だ。何しろスキー場の末端や運動競技場が会場となるクロカン大会では、子供達が待機できる場所がない。そこで大型のテントを張り、中で石油ストーブを焚き、ワックス用アイロンの電源確保のために発電機を回す。ベンチにテーブル、ヤカン、板整備の道具、水に灯油にガソリンに、スコップ、掛矢《かけや》…。あ、コーチの弁当も！文字通り「野営」である。毎週大量の機材を軽トラやワゴン車に積んで各会場を転戦する様は、ワールドワイドなF1チームか、はたまたサーカス一座か、旅芸人か。親たちの連帯感も高まり、当然大会後には〝えっぺやらず〟にはいられなくなる、のだ。

しかし子供の大会とはいえ、将来のニッポンを背負う（かもしれない）アスリートたちの滑りは凄い。登り、滑り下り、アップダウンの激しい雪面を一気に駆け抜けていく。始めた頃はヨチヨチと滑っていた娘も、いつの間にかいっぱしのアスリートのようになってきて、正直見ていてカッコいい。

自分も子供たちに混じって練習に参加させてもらうようになったものの、いつまでもライバルは低学年の子供らで、コーチの失笑がつらい。練習量が違うから当然としても、やはり子供の上達の速さには驚かされる。

「スキーを履いて生まれてきた」雪国の子供たちが、雪の恵みを頂いてスキーに汗する冬の日々。冬から春へ移り変わる雪国で、消えゆく雪を惜しむように、アスリートの卵たちが今日も雪の山野を駆け巡っている。

*えっぺ＝飯山地方の言葉で「一杯」の意。

TOGARI
129

雪山探検へ

神奈川県に住んでいた子供の頃、ごくたまに大雪に見舞われることがあった。丘陵地にあった自宅の裏はクヌギやコナラなどの雑木が茂る自然公園になっていて、大雪の後には散策路が埋まるほどの「雪山」に様変わりした。そんな道なき「雪山」を、親父のコートと長靴を履いて「探検」して回ることに、えも言われぬ喜びと興奮を感じたのを今でもよく覚えている。

雪に覆われた裏山はいつもの見知った場所ではなく、雪をたどって歩く雑木林は自由な彷徨を可能にする。まるで自分がいっぱしの登山家や探検家にでもなったかのような気分で、なんの変哲もない住宅地の裏山を、あてもなく１人で歩き回るのが楽しくて仕方がなかったのだ。

除雪や止まぬ雪のプレッシャーに怯えながら過ごす冬の日々は、時に情けない弱音を吐く日々でもある。でも季節が進み、春の気配を感じ出すと、耐え抜いた冬のご褒美としてたっぷりの雪を楽しむことができる。子供の頃に住宅地のすぐ裏山で感じたワクワク感同様に、今、家のすぐ裏から始まる雪尾根に「探検家」としての本能が疼きだすのだ。

玄関でスキーブーツを履き、板を担いで雪壁にかけたハシゴを登る。すぐに始まる雪尾根は杉林からシラカバの疎林を経て、点在するブナをたどるように信越県境へと続く。そのまま尾根をたどってもいいし、雪原となった農耕地を横切って行くのもいい。どこを探検しようか、自由自在だ。広大な雪荒野の向こうには、馬蹄状に尾根を伸ばす鍋倉山がそびえている。

急にブナの根本から白い玉のようなものが転がり出して、そのますごいスピードで跳ねていく。一目散に走り去っていくノウサギ。あれあれ、そんなに慌てなくてもいいのに。雪面には縦横無尽に足跡が残されていて、あんなふうに自由に移動ができればいいのにな、とその卓越した脚力が羨ましくなる。

新鮮なカモシカの足跡。きっと近くにいるに違いない。足跡の向かった方向を目で追うと、いつからこちらに気づいていたのだろう、手前の木に半身を隠すようにして立つ足跡の主が、じっとこちらの様子を伺っていた。はるか足元の台地にも黒い点。よくよく目をこらすと、やはりこちらもカモシカだ。ブナの冬芽を食べているのだろうか、広大な風景の中を、ゆうゆうと歩き回る大型のケモノは遠目にも迫力がある。ヤブの季節には姿が隠れてしまい、あまり出会うことがないけれど、こんな身近に、こんな生き物が暮らしているのかと実感できて嬉しくなる。

雪原の向こうにはウチの犬そっくりなケモノが見え隠れしている。柴犬のような体色、太い尻尾。時折こちらの様子を伺って、また小走りに移動していく。キツネだ。道路脇や集落内で姿を見ることもあるけれど、やはり裏山で出会う方が何故だか随分カッコよく見えるから不思議だ。

足跡や食痕をたどり、時に実際にケモノと出会いつつ、自由気ままに雪に覆われたヤブ尾根を行く。

こんなことを言うと照れ臭いけれど、実は僕は、ずっと探検家に憧れていた。なにを子供みたいなことを、

と笑われそうだけれど、しかし今なおそんな気持ちが、僕を雪の山野へ向かわせる。いや、雪の季節だけではない。ヤブを漕ぎ、沢をたどり、湿地を踏んで岩を掴み、そうして雪を伝い、五感と好奇心の命じるままに自由自在に山野を彷徨いたいと思うのだ。

ヤドリギに集まったヒレンジャク、乾いたドラミングの音を響かせるアカゲラ。上空を舞うクマタカ、梢に佇むノスリ。もうまもなく森からは、オオタカの鳴き声が聞こえてくるはずだ。

子供時代に知ってしまった「探検ごっこ」の楽しさ。僕は今もそれを、止められずにいる。

epilogue 雪のくにから

大人の移住、子供の移住

よく地元の知り合いから、「越して来てよかったね」なんて言われる。

そう、たしかに、そのとおり。

だって、山とか自然とかが大好きで、雪の多さよりもよっぽど人混みの方が苦手で、木とか草とか土とか、そんなものに囲まれた暮らしに憧れていた人間にとって、こんな山間の生活が楽しくないはずがない。好きな山に登って写真を撮るのと同じように、豪雪のブナ林の麓に暮らしたいと思ったのがこの土地を選んだ理由だから、嫌なはずがない。

「奥さんがよく決心したね。えらいよね」とも言われるけれど、そもそも「田舎暮らし」に憧れていたのは当の奥さんの方で、ついこの間も、「ほんまにきれいなとこやなあ」（注・奥さんは京都出身）なんて潤んだ目をしながら朝日が差し込む村の風景を眺めていた。雪が多くて雑草だらけ、都会にはない濃い人間関係や、ありえないほどに面倒な子供の送迎、それに不便な暮らしゆえに感じる将来の不安など、漠然とした心配、苦労、不満とかももちろんあるけれど、しかしそれでもやはり、「移住してよかった」という思いがわいてくる。

とにかく、大人たちは。

我が家がこの地にやって来たのが２０１５年のこと。長男が中学2年生、次男が小学5年生、長女が小学2年生に上がる春だった。それなりに苦労があったとはいえ、小学生だった2人は比較的すんなりと転校生活に慣れ、さらにサッカーだ、スキーだというように、スポーツという万国共通言語を通してこの土地に馴染んでいった。

一方、すでに多感な青春時代を迎えていた中学生の長男は、断固とした移住反対派だった。だから、大人たちのエゴで、なんの不満もなく暮らしている子供の生活を台無しにしてしまうのではと、当時僕たちは移住への最終決断にだいぶ悩んだりもした。

実際は、この土地のやさしさのおかげで、都会からきた思春期の少年は温かく迎えられ、本人も徐々にではあるが、自分の居場所や友達、活動場所などを見つけることができ、それは本当にありがたいことだった。

とはいえ、「田舎暮らし」に憧れる大人の都合に付き合わされて、平穏な湘南暮らしから波乱万丈な豪雪山村に強制移住をさせられた子供たちの心情やいかに、と思う。

子供たちにここでの暮らしを尋ねると、「都会の方がいい」と即座に返ってくる。モノが豊富で、気軽に店などに行けて、きらびやかな「都会」を好むのは、至極当然のこととも思う。なにより大人を介さずに、徒歩にしても自転車にしても、あるいは公共交通機関を使うにしても、かなり自由に自分の行きたいところに行けるのは、この土地にはない「都会のよさ」だと実感する。自分は車を使って自由に動き回っているけれども、それがままならない子供にとっては、「自由に動きまわれないもどかしさ」は、確かにストレスに違いない。

一方で、田舎らしいのんびりとした気質は、子供たちにゆとりと可能性を与えてくれる。必ずしも競争が激しくないことがいいことではないけれど、勉強やスポーツでの努力が目に見える結果となって現れやすい。何かですぐに賞状をもらってきたり、県大会に出場できたり。競争相手が少ないだけに、一流選手でなくても大きな大会に出たりできるのは、その競技を続ける上での大きなモチベーションにもなるだろう。

いずれにしても子供にとっての移住の良し悪しなんて、そう簡単に結論が出るものではない。少なくとも今は、彼らの言葉からは否定的なものが聞こえてくるけれど。

でも彼らが大人になっていつか、その価値観の中に、ここでの暮らしのことが何かいい形で現れてくれたら、親としてはとてもうれしいことだと思っている。

一番移住に反対していた長男は今大学生になって、再び神奈川県で暮らしている。中学高校生時代には、縁あって、飯山市の菜の花祭りや灯籠祭り、雪まつりなどのイベントの手伝いに参加して、彼なりの「移住生活」を送っていた。それがきっかけというわけではないかもしれないが、大学では地域社会における人間活動のあり方を学んでいる。彼がこの先社会に出て送る人生の、そのどこかに我々大人たちが望んだ「移住」が、何かいい影響を与えてくれたら、と願うのだ。

森と里をつなぐもの

森と里をつなぐ通い路がある。

それは、夏はヤブ、冬は雪を伝う、道なき道だ。

この里に暮らし、森を行き来する日々は、そんな道をたどることで繰り返される。時には、かつて人が通ったであろう、か細いヤブ道を踏むこともある。山菜やきのこ、薪炭の木を求め、あるいは里に引く水など、山の管理のために人が通った道であったに違いない。山中には「水源林」と幹に彫られた大きなブナがあったり、今も集落の水源管理のためにヤブを刈り払いながら行き来する山道もあったりする。時に山中で出会う古道の痕跡は、かつてあった人の暮らしの名残に出会ったような気がして、どこかしら暖かく、それでいてなんだか寂しく感じられる。


僕は今暮らすこの集落に移り住む前、ここから二つ隣の集落で、築200年を超えた家を活動の拠点として4年間ほど借りていた。今から200年前といえば江戸時代後期。4～5代に渡って暮らしを繋いできた家だったと聞く。考えてみれば当たり前の話だが、昔はどの家も、集落の裏から切り出された木で作られたという。重い積雪を支える家の骨格となる部分にはブナやナラ、その周囲の部材にはスギなどの針葉樹が使われていた。今でもこの里山には、樹齢の異なるブナ林が小さなグループを作って点在しているが、それは薪炭や建材などの目的によって伐採の場所が決められていたという時代の名残だという。

立派な梁に使われているブナは樹齢200年ほどの太さだろうか。もしそうならば、森に生まれて200年、切り出され、里で過ごして200年。合わせて400年のブナということになる。こんなふうにして森と里をつないで生きる木の姿を、古民家という人の住まいの形で見ることができるというのはとても興味深いことだと思う。

僕が森と里を行き来するようになって意識しだしたのは「水」の存在だ。「超」豪雪地帯であるこの土地では多量の雪と雨が降る。その水を蓄えるのがブナの森だ。残雪とみずみずしい新緑の稜線から眺める風景は、山も森も里も水に溢れ、なんと豊かな土地なのかと実感する。もちろんそればかりではない。梅雨の頃に深く森を包む霧、森の湿気をたっぷり吸って育ったきのこ、そして雪、雪、雪……。この森はいつだって潤いに濡れている。

そうやって蓄えられた「水」はやがて里へと下る。

潤いの恵は、米や酒など、暮らしの中にカタチとなって現れる。だから森から里にやってくる「水」の存在は、まさに森と里をつなぐ象徴と言えるだろう。

村の飲み会などで時々聞かされる話に、「名前を刻んだブナ」がある。かつて雪が落ち着いた3月頃に、子供たちがスキーを履いて、集落の裏から尾根に取り付き、日本海を望む稜線まで登ったという。その際記念に、とあるブナの幹に、各々名前を刻んで帰ってきたという話だ。

「その木、今でも分かりますか？」

「そりゃ分かるさ」

「行ってみたい！どの辺りですか？」

「あいや、そりゃわからんな」

なにしろ酒の席の酔っ払い同士の会話だからラチがあかない。でもきっとそのブナは、今でもどこかの尾根筋にあるに違いない。

今以上に森と里の行き来が盛んだったころ、その道中にそびえたっていた1本のブナ。子供たちが、大人たちが、毎年道なき雪尾根をたどり登ってきて、その木の下に憩ったに違いない。

僕は幾人もの里人の名前が刻まれたそのブナに、ぜひとも出会ってみたいと思っている。

森と里をつなぐもの。

それはヤブ、雪、木、水、人やケモノ…。

ブナの木が導く雪尾根をたどって、明日また、森へ行ってこよう。

あとがき

ちょうど今、村では今月末の祭礼へ向けての練習が始まったところだ。少子高齢化が続くこの村で、数多い祭礼の演目を限られた人間で賄うのは至難の技である。でもここでは、細々とではあるが、「伝える」「受け継ぐ」という作業が繰り返し行われている。父親が息子に伝える。かつて子供だった村のオヤジたちが、村の子供たちに伝える。伝承、というと少し大袈裟だが、「伝える者」と「受け継ぐ者」の姿をここでは見ることができる。

そんな有様は祭りに限ったことではない。除雪の仕方や、田んぼや畑のかまい方など、日々の暮らしで大切な「お手伝い」を、親は子供に伝えている。多くのことが「伝承」されて、受け継がれていく。そんなこともまた、都会にはない田舎らしさなのでは、と思うのだ。

20年前の6月、僕たち家族は初めて鍋倉山に登った。

2歳の長男は保育園疲れで熱を出し、手前の黒倉山ですっかり眠ってしまった。せっかくここまで来たのだからと、僕たち夫婦は子供の面倒を代わりばんこに見ながら、順番に鍋倉山の頂上へ向かった。誰もいない黒倉山からはひと下りして、ひと登り。頂上で祠の写真を撮って、そそくさと二人が待つ黒倉山へ戻ったのを覚えている。

一眠りしたおかげか、元気を取り戻した長男は、大きなホウの葉っぱを拾っておどけてみたり、お気に入りの棒を見つけて得意げに歩いたりして、後に僕らの暮らしの「裏山」となる山路を楽しそうに下って行った。そんな日のことを、彼は今覚えているだろうか。

残念なことに我が家では、この土地のみんながしているような、「伝承」する暮らしはできなかった。だから、せめてこの本が、子供たちに伝え残したいことについての覚書にでもなれば、と思っている。雪や土を慈しむ、この村の人々のこと。小さくて美しい、暮らしの背後に広がる森のこと。自分たちが、なぜこの土地で暮らすことを選んだのか…。

飯山と関わりを持ってからのこの20年間は、子供たちの、僕たち家族の、成長の時間と等しい。子供たちが大学進学や就職といって、この家を後にする時期がやってきてしまったが、どこへ出ていくにしても、ここで過ごした時間を何かの形で忘れずにいてくれたらと願っている。

隣のアニキをはじめ、羽広山集落の皆さま。戸狩の飲み屋とかカレー屋とか、アジサイが咲く寺の住職とか、普段いろんな形でお世話になっている方々。子供たちのＰＴＡやクラブ活動で苦楽を共にした皆さん。僕がこの本を書きながら思い浮かべてきたのは、そんな飯山の人たちのこと。僕たち家族を温かく「暮らし」の中に迎え入れてくれた皆さんに、この場を借りて感謝いたします。最後になりましたが、過酷な出版スケジュールをやりくりしながら進行してくださった信濃毎日新聞社出版部の山崎紀子さん、本当にありがとうございました。

２０２３年秋の始まる頃　　星野　秀樹

著者略歴

星野秀樹（ほしの・ひでき）

1968年生まれ。写真家。同志社山岳同好会OB。

上越、信越周辺の山と、剱岳、黒部川源流エリアの山を主なフィールドとして活動する。

2015年、雪とブナの森に惹かれ、長野県飯山市の羽広山集落に移住。

ライフワークとして鍋倉山周辺のブナ林へ通い続ける。

著書に『ヤマケイアルペンガイド 剱・立山連峰』『剱人 剱に魅せられた男たち』『雪山放浪記』『上越・信越国境山脈』（以上山と溪谷社）、『黒部の谷の小さな山小屋』（アリス館）がある。

ブックデザイン　中沢定幸
プリンティングディレクション　鈴木利行
編集　山崎紀子

雪のくに移住日記　ブナの森辺に暮らす

2023年10月12日　初版発行

著者　星野秀樹
発行　信濃毎日新聞社
〒380-8546 長野市南県町657
tel026-236-337 fax026-236-3096
印刷　株式会社シナノパブリッシングプレス

ISBN978-4-7840-7427-3 C0095